Die schönen Häuser von Aachen

Westarp Verlag

Wolfgang Richter/Wolfgang Peukert

Die schönen Häuser von Aachen

Westarp Verlag

4330 Mülheim/R
Text: Wolfgang Richter
Fotografie: Wolfgang Peukert
Foto Seite 15: Elfriede Corr, Aachen
Foto Seite 31: Archivbild
Layout: Barbara Hörster
Idee und Konzept: Wolf Graf von Westarp

Satz: Bredenbeck Fotosatz, Dortmund
Druck und Bindung: M. Brimberg, Aachen

ISBN: 3 923456 35 2

Ein Teil der Marktkulisse mit Häusern aus dem 14. bis 20. Jahrhundert, davor der Marktbrunnen mit dem Standbild Karls des Großen aus dem Jahre 1620.

Part of the market scenery with buildings of the 14th till 20th century. The foreground with the fountain and the statue of Charlemagne, built in the year 1620.

Wer über Aachen zu schreiben beginnt – in welchem Zusammenhang auch immer –, hat nur zwei Möglichkeiten: Entweder er kommt später darauf zu sprechen oder er fängt gleich mit Karl dem Großen an.
Bei einem Buch über „Die schönen Häuser von Aachen“ fällt die Entscheidung nicht schwer. Die beiden schönsten, ältesten und stattlichsten Gebäude der Stadt verdanken ihren Ursprung Kaiser Karl: der Dom und das Rathaus. Beide freilich sind in Baugestalt und Geschichte von so singulärer Natur, daß es ungerecht und schon im Ansatz falsch wäre, sie zum Maßstab aller schönen Häuser dieser Stadt zu machen. Wo also anfangen? Wo aufhören? Was überhaupt sind „schöne Häuser“?
Darüber läßt sich trefflich streiten – wie über alles, was mit Geschmack zusammenhängt. Dabei sind Häuser als solche leicht zu definieren. Es sind Bauten, die von Menschen für Menschen erdacht, konstruiert, gebaut worden sind. Also Wohn- und Gotteshäuser, Fabriken und Museen, auch Schwimm- und Markthallen, Verwaltungszentren und Gefängnisse. Aber schön... Was ist „schön“? Und was sind „schöne Häuser“?

Folgt man den historischen Quellen, dann scheint Aachen einst nur aus schönen Häusern bestanden zu haben. So schreibt der brabantische Ratssekretär Hubert Loyens 1656, im Jahr des großen Stadtbrandes, über Aachen: „Übrigens ist die Pracht und Größe der Innenstadt derart, daß sie mit den besten Städten Europas wetteifern könnte; alle Gebäude, kirchliche wie weltliche, städtische wie auch private, sind meist von feiner Bauart..." Und 1828 stellt der Aachener Oberlehrer und Stadthistoriker Christian Quix in seiner „Historisch-topographischen Beschreibung der Stadt Aachen und ihrer Umgebungen" lapidar fest: „Die ganze Stadt enthält über 2613 Häuser, von welchen die meisten schöne, und einige prächtige Gebäude sind..." Und weiter heißt es bei ihm: „Die Straßen der Stadt sind fast alle breit, gut gepflastert und rein, und werden des Nachts beleuchtet; sie geben den schönen, geschmackvoll gebauten Häusern ein Ansehen von Wohlstand und Sauberkeit."

Kommt noch die von Einheimischen und Fremden gerühmte Lage „inmitten eines lachenden Thales" und die vom romanisch-südländischen Laisser-faire geprägte Lebensart ihrer Bewohner hinzu, dann versteht man das Lob des Karl Ludwig von Pöllnitz, der 1737 in seinem „Zeitvertreib bey den Wassern zu Aachen" kühn behauptete: „Unter allen Orten, wo Bäder sind, findet sich kein einziger, da man angenehmer leben könnte, als zu Aachen." Was zählt demgegenüber Heinrich Heines bissige Attacke auf Aachen in seinem „Wintermärchen", in dem für die angebliche Langweiligkeit der Kaiserstadt ein Hund zum Zeugen aufgerufen wird. Albrecht Dürer ist da wohl verläßlicher, der während der Krönung Karls V. im Jahre 1520 in Aachen weilte und bekannte: „Da hab ich gesehen alle herrliche Köstlichkeit desgleichen keiner, der bei uns lebt, köstlicher Ding gesehen hat." Er hielt mit seinem Silberstift Aachens schönste Bauten, den Dom und das Rathaus, fest, wie später der berühmte Topograph Matthaeus Merian. Aber Dürer, der große Meister mittelalterlicher Malerei und Holzschnittkunst, dem niemand wohl Sinn für Ästhetik, Proportion und Komposition absprechen wird, ist es auch, der in seinem schriftlichen Nachlaß gesteht: „Was aber die Schönheit sei, das weiß ich nit."

Wissen wir es? Können wir zwischen schön und häßlich, gelungen und verfehlt, aufregend und langweilig unterscheiden? Gibt es verbindliche Kriterien für gute Form, sicheren Geschmack, schöne Häuser?

Ersparen wir uns den Gang durch die Geschichte des Schönen. Wen immer wir als Kronzeugen anrufen, ob Aristoteles oder Seneca, Augustinus oder Thomas von Aquin, Schiller oder Kant, Hegel oder Sartre – sie alle können uns als wirklich verläßlich nur den Wechsel vor Augen führen, dem menschliches Urteil unterliegt. Wie anders wäre es zu erklären – und zu ertragen –, daß der Begriff „schön" in unseren Tagen einen abwertenden Beiklang, einen Ruch von Geringschätzung erhalten hat? In dieser kritischen Haltung drückt sich das Mißtrauen gegen konfektionierte und beliebig multiplizierbare „Schönheit" aus, die zwangsläufig im Kitsch endet, auch wenn sie mit Dürers großartigen betenden Händen angefangen hat. Auch müssen wir ertragen, daß die von Nietzsche postulierte „Umwertung aller Werte" mit dem Ziel eines neuen Menschen in unserem Jahrhundert zur schrecklichen Erfahrung blutiger Weltkriege und eines menschen-

Treffpunkt der Ja-Sager aus dem benachbarten Standesamt und anderer glücklicher Zecher: der Postwagen.

Meeting point of the "yes-sayers" coming from the neighbouring registry office and other happy topers: the Postwagen.

verachtenden Holocaust geworden ist. Schrottplastiken, deformierte Körper, das Pissoirbecken als Kunstobjekt, rüde Happenings und der Kult des Häßlichen in unseren Museen sind nichts anderes als die natürliche Reaktion auf einen ausgehöhlten, mißbrauchten, sinnentlehrten Begriff vom Schönen, der zur erlebten Wirklichkeit unserer Zeit in Widerspruch steht. Mit anderen Worten: Was die Schönheit sei, wissen wir noch viel weniger als Albrecht Dürer. Aber eines ist sicher: Der Hunger des Menschen nach Schönheit ist nicht geringer geworden. Im Gegenteil. Die Sehnsucht danach ist größer denn je.

Vor diesem Hintergrund erscheint es kaum noch gewagt, sich mit den „schönen Häusern von Aachen" zu beschäftigen. Denn es gibt sie, diese schönen Häuser. Man frage nur die Hausbesitzer, die Architekten, die Denkmalpfleger. Sie alle werden im Einzelfall klüger sein als Albrecht Dürer und sagen, was Sache ist. Und recht haben sie – auf ihre Weise – obendrein. Denn das lehrt jeder Spaziergang in jede beliebige Himmelsrichtung: Daß Aachen voll ist von schönen Häusern, sehr alten und sehr modernen, auffälligen und versteckten, aufwendigen und bescheidenen. Gewagt ist nur die Auswahl, die wir treffen. Sie muß zwangsläufig subjektiv und zahlenmäßig begrenzt sein. Aber eines kann sie sicherlich zeigen: Beispiele für gutes Bauen und Maßstäbe für schöne Häuser in Vergangenheit und Gegenwart. Daß dabei auch ein Stück Aachener Seele zum Vorschein kommt, ist zwangsläufig. Denn, wie gesagt, Häuser sind Bauten von Menschen für Menschen... Als solche wollen wir sie betrachten.

Zurück zu Karl dem Großen, dem ersten Baumeister Europas – im doppelten Sinne. Mag man über den Krieger und Staatsmann streiten, seine geistigen und kulturellen Leistungen bleiben sichtbar und wirken nach bis auf den heutigen Tag. Davon wird noch zu reden sein, denn sie manifestieren sich nicht zuletzt in einem der schönsten Bauten des Abendlandes, dem Aachener Dom (Abb. Seite 9). Aber schauen wir uns erst auf dem Markt um, dem Mittelpunkt der Altstadt. Dort steht Kaiser Karl, in Bronze gegossen, überlebensgroß auf einem Sockel im „Eäzekomp“, einer erzenen Brunnenschale. Während

Das mittelalterliche Rathaus, erbaut auf den Fundamenten der karolingischen Königs-Aula. Links das neue Verwaltungsgebäude und die Domsingschule, rechts das Standesamt.

The medieval townhall, built on the foundation of the caroleans King-auditorium. On the left, the new administrationsbuilding and the Domsingschool. On the right, the registry office.

Gotteshaus, Grabkirche Karls des Großen, Pilgerziel, Schauplatz glanzvoller mittelalterlicher Krönungen und weltberühmtes Baudenkmal: der Aachener Dom.

House of God, burialplace of Charlemagne, destination of the pilgremage, scene of splendid medieval coronations and world famed monument: the cathedral of Aachen.

es um ihn herum mit der sprichwörtlichen Aachener Vielfalt sprudelt, fällt sein Blick auf – man mag es nicht glauben – einen Brückenheiligen, den standhaften Nepomuk. Die gülden glänzende Figur des einstigen Prager Generalvikars, den man in der Moldau ertränkte, schmückt an der Ecke Markt und Pontstraße das Haus Löwenstein (Abb. Seite 11). Damit sind gleich mehrere Fragen aufgeworfen, die von der Gegenwart in die Vergangenheit führen oder – umgekehrt – Vergangenes gegenwärtig machen. Beispielsweise: Was tut ein Brükkenheiliger in einer Stadt wie Aachen, die bekanntermaßen weder an einem großen Fluß noch an einem See oder gar am Meer liegt?

Darauf gibt es zwei Antworten. Die eine erklärt die aus dem Jahre 1747 stammende Brückenheiligenfigur zum Ergebnis einer Mißdeutung des Namens Pont- als „Brückenstraße“, wobei man heute weiß, daß eine einst an der Straße ansässige, sehr wohlhabende Familie Punt ihr tatsächlich den Namen gegeben haben dürfte. Die andere macht den Moldau-Märtyrer zum stillen Verbündeten eines Lokalheiligen, der Aachen als sein „neues Rom“ betrachtete und doch nichts anderes (wieder-)entdeckt hatte, als eine Stadt des Wassers: Karl der Große.

Aachen – Stadt des Wassers. Keine Sorge! Wir geraten nicht ins Schwimmen. Wir bleiben bei den schönen Häusern. Aber ohne dieses spezielle Wasser wäre auf dem Wald-, Sumpf- oder Weideland im Talkessel von Aachen vielleicht nie ein Haus, geschweige denn ein schönes gebaut worden. Der Ursprung Aachens und der Anlaß seiner ersten schönen Häuser sind – seine heißen Quellen!

Einzelheiten über die Geschichte Aachens mag man an anderer Stelle nachlesen. Hier seien nur die wesentlichen Fakten zusammengefaßt: Besiedlung schon in der Steinzeit. Dann kommen die Kelten und huldigen ihrem Gott „an den Wassern des Grannus" (Aquis Grani). Schließlich nutzen die vom westeuropäischen Winter geplagten Römer die natürliche Heilkraft der heißen Quellen und errichten in Aachen zwei Militärbäder, das eine dort, wo heute der Dom steht, das andere am Büchel. In jener Zeit spätestens, also im 1. und 2. Jahrhundert nach Christus, entstehen die ersten „schönen Häuser" in Aachen, darunter Thermen und Tempel, von denen jedoch nur noch wenige Reste künden.

Aachens große Zeit beginnt unter den Franken. Schon König Pippin wohnt gelegentlich in der villa regia in Aachen und nutzt die heißen Bäder. Aber erst sein Sohn Karl, seit dem Jahre 768 König der Franken, entwickelt die Vision eines neuen Roms nördlich der Alpen und entscheidet sich für Aachen – nicht nur der zentralen Lage innerhalb seines Reiches und der guten Jagdgelegenheiten in den benachbarten Wäldern wegen, sondern wegen der heißen Quellen, die den Ort vor anderen Pfalzbezirken auszeichnen.

Karl der Große setzt ein gewaltiges Bauprogramm in Gang. Er will nicht nur schöne, er will prächtige Häuser, die inmitten einer byzantinisch-römisch-germanischen Welt seine Macht bekunden. So entsteht als erstes auf dem Markthügel, dem höchsten Punkt der Altstadt, eine gewaltige Aula regia, eine steinerne Königshalle mit für die damalige Zeit kühnen Ausmaßen: 44 Meter lang, 17,5 Meter breit und 20 Meter hoch, dazu drei Absiden an der West-, Süd- und Nordseite sowie ein viereckiger Turm an der Ostseite, heute Granusturm genannt. Dieser nachweislich im Jahre 788 gebaute Turm ist mit seinen vier noch aus karolingischer Zeit stammenden Stockwerken letzter Rest des einstigen Wohnbezirks Karls des Großen mit einem durch Warmluft beheizbaren Raum im zweiten Obergeschoß sowie einem wahrhaft kaiserlichen „stillen Ort" im Erdgeschoß, der sich nach römischem Vorbild durch die Frischwasserspülung auszeichnete.

Die Königshalle, in der Reichstage abgehalten, Gesandtschaften empfangen sowie die festlichen Krönungsmahle des frühen Mittelalters gefeiert wurden, verfiel im Laufe der Jahrhunderte. So kam es, nachdem die Bürger der Stadt das Gebäude in ihre Obhut genommen hatten, zwischen 1330 und 1346 zum Abriß und zum Bau des heutigen Rathauses (Abb. Seite 8) auf den karolingischen Grundmauern. 1349 hielt als erster der zuvor in der Pfalzkapelle gekrönte und auf Karls des Großen Thron erhobene König Karl IV. sein Festmahl im neuen Reichssaal des gotischen Neubaus. Knapp zweihundert Jahre später, im Jahre 1531, wurde hier für Ferdinand I. das letzte Krönungsmahl gefeiert. Danach hatte Frankfurt Aachen den Rang als

Haus Löwenstein am Markt, nach dem Krieg in mittelalterlicher Pracht wiedererstanden, stammt aus gotischer Zeit und gilt als ältestes erhaltenes Bürgerhaus der Stadt.

Haus Löwenstein next to the market, renewed after the war in the middle Age style, dated from gothic period and stand out as the oldest citizen house of the town.

Krönungsstadt abgelaufen, was für die Sozial- und Baugeschichte Aachens nicht ohne Folgen blieb.

Der heutige Anblick des seit dem 14. Jahrhundert zur Marktseite hin orientierten stolzen Baus läßt kaum vermuten, welche Wandlungen er im Laufe der letzten sechs Jahrhunderte über sich ergehen lassen mußte – sowohl innen wie außen. Als im Mai 1656 im Haus eines Bäckers an der Jakobstraße ein Feuer ausbrach und in kurzer Zeit die ganze Stadt in ein Flammenmeer verwandelte, brannten auch die Rathaustürme nieder. Zehn Tage später gaben die Stadtväter den Auftrag zum Wiederaufbau – diesmal mit barocken statt der gotischen Türme. Die barocken Zwiebeltürme prägten bis 1883 das Bild der Stadtkrone, da wurden auch sie ein Raub der Flammen. Diesmal dauerte es 15 Jahre, bis man sich zum Bau neuer Türme entschloß. Dem Geist der Zeit entsprechend, wurden es neugotische Spitzhelme. Als diese 1943 im Feuersturm des Krieges verglühten, ließen sich die Stadtväter noch mehr Zeit. 35 Jahre vergingen, bis der Streit der Meinungen durch einen kühnen Entschluß beendet wurde: Da keine zeitgenössische Lösung wirklich überzeugte, rekonstruierte Stadtbaumeister Leo Hugot nach alten

Stolzer Rest der mittelalterlichen Stadtmauer: das Ponttor mit Haupt- und Vorburg.

Proud rest of the medieval townwall: Ponttor with main- and frontcastle.

Auf dem Hof nahe der Körbergasse läßt sich auch heute noch Altstadtatmosphäre genießen. Das Eckhaus entstand zwei Jahre nach dem großen Stadtbrand des Jahres 1656.

The yard near Körbergasse offers to everybody old-town-atmosphere. The house at the corner was built two years after the big fire 1656 in Aachen.

Stichen die gotischen Turmhelme. Albrecht Dürer hätte seine Freude daran, wenn er wieder nach Aachen käme. Auch die neugotische Marktfassade mit dem Figurenschmuck des ausgehenden 19. Jahrhunderts dürfte ihn kaum stören. Nur über die – übrigens hervorragend restaurierten – Barockräume im Erdgeschoß würde er sich wundern, während ihn im wieder „gotisierten" Reichssaal kaum die geretteten Rethelfresken, sondern allenfalls die modernistischen Glühleuchten an den Pfeilern irritieren würden.

So atmet der Bau, an dem unsere Zeit mit Liebe und Sachverstand gearbeitet hat, Geschichte. Wenn Staatsmänner, gekrönte Häupter, Würdenträger und Volk alljährlich in den Reichssaal einziehen, um mitzuerleben, wie der erste Bürger der Stadt einem verdienten Europäer den Karlspreis verleiht, dann wird etwas spürbar vom geistigen Erbe des großen Kaisers, dem Aachen eines der schönsten Häuser verdankt, das christlich-abendländische Baukunst hervorgebracht hat.

Der Aachener Dom ... Darüber sind Bücher geschrieben worden. Mit ihm beginnt im eigentlichen Sinne deutsche Baugeschichte. Was vorher war, ist römisch. Oder griechisch. Oder ägyptisch. Wer dem Geheimnis „schöner Häuser" nach-

sinnen will, das nicht zuletzt im Verhältnis von Maß und Zahl, Raum und Material begründet liegt, findet hier Antworten. Außerdem gibt es kaum ein Gebäude, das Geschichte so deutlich ablesbar macht wie das Aachener Münster, an dem zwölf Jahrhunderte gebaut haben.

Karls Pfalzkapelle, der erste Kuppelbau nördlich der Alpen, lehnt sich an oströmische Vorbilder an, vor allem an San Vitale in Ravenna. Doch gewinnt der nach des Herrschers „eigenem Plan" von Odo von Metz ausgeführte Zentralbau unverwechselbare Züge. Hier verbinden sich christlicher Erlösungsglaube mit herrschaftlichem Anspruch. Karls Kirche wird zum Symbol seiner Sendung.
Sie entsteht etwa zwischen 790 und 800 an der Stelle einer schon zu Pippins Zeiten im römischen Badebezirk vorhandenen Kapelle. Aber zusammen mit der Palastaula bewirkt sie eine entscheidende Veränderung des römischen Wegerasters und damit des Stadtgrundrisses – was noch heute ablesbar ist: Kirche und Palast werden, ohne Rücksicht auf die vorhandene Bebauung, genau in Ost-West-Richtung angelegt und durch einen überdachten Gang miteinander verbunden. Das greift in die Nordost-Südwest-Topographie der römischen Siedlung ein und führt zur Entstehung jener Dreieck-Plätze, die noch heute rund um Dom und Rathaus der Stadt ihr typisches Gepräge geben. Auffallendstes Beispiel hierfür ist der Marktplatz, an dem beim Bau der Königshalle die römische Straßenführung über die heutige Großköln- und Jakobstraße unbeachtet blieb.

Das von einem Sechzehneck umgebene Oktogon der Pfalzkapelle, der einst im Westen ein Atrium vorgelagert und im Norden und Süden rechteckige Annexbauten angegliedert waren, ist heute von einem Kranz von Kapellen umgeben, die spätere Jahrhunderte dem Bauwerk hinzugefügt haben. Auffallendste und gleichzeitig kühnste Veränderung erfuhr der Zentralbau im 14. Jahrhundert durch den Anbau der Chorhalle, das „Glashaus von Aachen". Mit seinen 27 Meter hohen, schlanken Fenstern verwirklicht dieser zwischen 1355 und 1414 entstandene Bau den gotischen Traum von der Entmaterialisierung des Stofflichen.

Später hinzugekommen sind auch der ursprünglich romanische Kreuzgang, die nach dem Stadtbrand statt des Pyramidendachs auf das Oktogon aufgesetzte barokke Kuppel mit Laterne und der neugotische Turm von 1884 über dem Westbau. Damit hat das Aachener Münster eine insgesamt unverwechselbare Silhouette gewonnen, die das Einmalige des Bauwerks auch äußerlich unterstreicht.
Aber selbstverständlich sind es nicht die Äußerlichkeiten, die dieses Gotteshaus „schön" machen. Es ist ein Zusammenklang vieler Faktoren, nicht zuletzt der Funktionen als Grabkirche Karls des Großen, als Krönungskirche des Mittelalters mit dem „Erzstuhl des Reiches", als Hüterin der „Aachener Heiligtümer" und traditionelle Pilgerkirche, als von Stiftern vieler Jahrhunderte reich geschmückte Kathedralkirche und schließlich als Klangraum gewaltiger Chöre oder als Hort stiller Beter. Gibt es noch eine Steigerung?

Wer dieses „schöne Haus" bewußt erlebt hat, wird Karl den Großen im „Eäzekomp" auf dem Marktplatz mit neuen Augen se-

Das „Große Haus von Aachen" an der Pontstraße, heute Sitz des Internationalen Zeitungsmuseums, repräsentiert ein gutes halbes Jahrtausend Stadtgeschichte.

The "Große Haus von Aachen" in Pontstraße, today international newspaper museum, represents at least half a millennium of town history.

hen. Der Kaiser wußte wohl, weshalb er sein bedeutendstes Haus auf Gott – und ein römisches Thermalbad gebaut hat. Er muß etwas von der Stadt des Wassers geahnt haben. Der heilige Nepomuk mag's bezeugen...

Damit sind wir wieder bei Haus Löwenstein am Markt. Die Dreieck-Form des Platzes gibt jetzt keine Rätsel mehr auf, auch nicht mehr die Figur des Brückenheiligen. Um so mehr fällt das Gebäude an der Ecke Pontstraße/Markt mit seinen hohen Kreuzstockfenstern im Mittelgeschoß, mit dem stolzen Zinnenkranz und dem Ecktürmchen ins Auge: Ein gotisches Haus gegenüber dem gotischen Rathaus. Zwei Zeitgenossen?

Tatsächlich ist dieses älteste erhaltene Bürgerhaus der Stadt um 1344/45, also kurz nach der Fertigstellung des neuen Rathauses, gebaut worden. Seinen Namen hat es von Ida von Löwenstein, die 1478 als Besitzerin genannt wird. Später ist Bürgermeister Adam Munten Eigentümer, dann ein Kanonikus, ein Bankier und ein Kaufmann. Schließlich wurde es im vorigen Jahrhundert mit dem benachbar-

Haus Monheim am Hühnermarkt beherbergt das Couven-Museum und gilt mit seinen erlesenen Zeugnissen der Wohnkultur des 18. und 19. Jahrhunderts als „Gute Stube Aachens".

In house Monheim next to Hühnermarkt we find the Couven museum, where you can inspect the culture of 18th and 19th century. It is reputed to be the "Gute Stube Aachens".

ten Haus „Zum Wolf" vereinigt, woraufhin beide Bauten um 1905, mit neugotischem Putz verkleistert, ihre Identität verloren. Erst als die Stadt Aachen 1969 beide Anwesen erwarb, leitete Stadtkonservator Dr. Leo Hugot eine gründliche baugeschichtliche Untersuchung ein. An ihrem Ende stand zwischen 1972 und 1974 eine Restaurierung, die nicht nur beide Häuser wenigstens in der Fassade wieder trennte, sondern auch die alte Bausubstanz des gotischen Eckbaus wieder zum Vorschein brachte. Seither dient Haus Löwenstein als Fremdenverkehrszentrum sowie als Tagungsort und Behördenhaus mit Presse- und Werbeamt sowie Rechtsamt und alter Ratsbibliothek.

Dieses neue, alte Schmuckstück am Markt bildet mit den ebenfalls restaurierten Nachbarhäusern (Abb. Seite 5) von der „Karlsapotheke" bis zum „Einhorn" ein gediegenes Ensemble denkmalwerter Marktbebauung, dem der Platz auch heute noch einen wesentlichen Teil seines Charakters verdankt. Die nach den Kriegszerstörungen in den fünfziger Jahren

Blick in die Krämerstraße: Neues Haus mit alter Fassade.

View into Krämerstraße: New house with old front.

ebenso eilig wie einfallslos gefüllten Baulücken sind mit ihren monotonen Zweckformen heute sicher keine bauliche Visitenkarte mehr, aber eben doch ein Zeitdokument. An vielen Stellen der Stadt mußte damals – ebenso wie in anderen Städten Deutschlands – so spartanisch gebaut werden, um Wohnungsnot zu lindern und das Wirtschaftsleben anzukurbeln. Wer will da heute mit den Bauherren von damals rechten?
Immerhin hat man in Aachen viele Fehler nicht gemacht, an denen heute zahlreiche wiederaufgebaute Städte kranken. Nach den irreparablen Bausünden der fünfziger Jahre, die sich in Aachen in Grenzen hielten, setzte in der Kaiserstadt schon sehr früh eine Rückbesinnung auf gewachsene Lebensqualität und historische Werte ein. Sie mündete in Konzepten, denen die Stadt nicht nur die Erhaltung wertvoller Bausubstanz, sondern vor allem menschenwürdige Wohnungen mit einem attraktiven Umfeld verdankt.

So wurde Aachens historischer Kern weder zum Museum noch zum Supermarkt. Vielmehr verbinden sich Flair und Charakter der alten Stadt mit dem modernen Lebensgefühl der jungen Generation. Beweis sind die vielen Studenten, die rings um den Markt ihre Stammkneipen haben. An heißen Sommerabenden mischen sich alt und jung auf den Stufen des Brunnenbeckens zu Füßen des Kaisers, um bei Bier und Cola über Gott und die Welt zu diskutieren. Wo gibt es so etwas sonst?

Bevor wir den Markt verlassen, werfen wir noch einen Blick auf Haus Löwenstein. Die Verwandtschaft zur Rathausfassade ist unverkennbar. Vielleicht war hier derselbe Baumeister am Werk, der zuvor das Rathaus gebaut hatte? Vorgänger des heutigen Hauses war ein staufischer Bau, von dem noch der Keller mit einem mächtigen Tonnengewölbe aus gebeilten Kalkmergelsteinen erhalten ist. Er dürfte nach Hugot im zweiten Jahrzehnt des 13. Jahrhunderts entstanden sein, als es in Aachen eine rege Bautätigkeit gab. 1344 fielen mehrere Häuser am Markt einem Brand zum Opfer, darunter wahrscheinlich das „alte" Haus Löwenstein. Danach entstand auf dem staufischen Kellergewölbe der gotische Neubau, der nicht nur den großen Stadtbrand von 1656, sondern auch die Bombenangriffe des Zweiten Weltkrieges überdauert hat. Sicherlich war das Haus im Laufe seiner langen Geschichte nicht nur Wohn-, sondern auch Weinhaus und Herberge. Dafür spricht seine exponierte Lage an der alten Römerstraße gegenüber dem Rathaus, aber auch ein Weinakzisenverzeichnis aus dem Jahre 1438, in dem unter 15 Weinhäusern am Markt die benachbarten Häuser „Zum Löwenstein", „Zum Wolf" und „Zum Schwan" aufgeführt werden. Heute wird im Haus Löwenstein nur noch Wissensdurst von Presseleuten und Touristen gestillt...

Der Eingang zum Haus Löwenstein mit dem Treppenaufgang befindet sich in dem benachbarten Haus „Zum Wolf", das – wie erwähnt – schon im vorigen Jahrhundert von seinem damaligen Besitzer mit Haus Löwenstein vereinigt wurde. Die moderne Glasfront im Erdgeschoß ist eine Konzession an die neue Art der Nutzung. Mit den Glastüren im barocken Blausteinportal muß man sich wohl abfinden. Immerhin erhielt damit ein geretteter Rest vom ehemaligen Kloster Marienbongard aus dem Jahre 1758, dessen Ruine 1969 dem Neubau der TH-Bibliothek wei-

Barocke Pracht neben neugotischer Kirche: Das Pfarrhaus von Heilig Kreuz in der Pontstraße.

Baroque pomp next to a new gothic church: The parsonage Heilig Kreuz in Pontstraße.

chen mußte, eine neue Zweckbestimmung. Dieser Methode der Translozierung denkmalwerter Gebäudeteile werden wir noch öfter begegnen. Sie ist – wenn auch umstritten – zu einer Art „Aachener Modell" geworden.

Folgen wir der Blickrichtung des Bronzekaisers vom Marktbrunnen, dann gelangen wir an Haus Löwenstein vorbei in die schmale, steil abfallende Pontstraße, die von der Kreuzung Neupforte und Annuntiatenbach ab wieder bergauf führt bis zur schönsten und besterhaltenen mittelalterlichen Torburg (Abb. Seite 12) des Rheinlandes. Auf diesem Weg passieren wir einige Kirchen, ein TH-Institut und nahezu 50 alte Gebäude, die unter Denkmalschutz stehen. Aber nur dreien von ihnen wollen wir einige Aufmerksamkeit schenken, weil sie aus der Fülle der „schönen Häuser" auf besondere Weise herausragen.

Daß es sich um das „Große Haus von Aachen" handelt, mag man dem Bau an der Ponstraße Nr. 13 (Abb. Seite 15) auf den ersten Blick

HAUSDERKOHLE
HOTEL
COLLEGE

Der Hühnermarkt aus der Vogelperspektive. Im Zentrum Haus Monheim mit dem Couven-Museum, rechts das Haus „Zum Apfelbaum".

Hühnermarkt from bird's eye-view. In the centre house Monheim with Couven museum, to the right house Zum Apfelbaum.

Vom einstigen Quirinusbad am Hof konnte nur die klassizistische Fassade gerettet werden. Links Reste einer römischen Tempelanlage.

The only remembrance of the former Quirinus bath is the old front. To the left the ruins of a roman temple.

kaum ansehen, aber es beherbergt nicht nur das ebenso renommierte wie einzigartige Internationale Zeitungsmuseum, sondern es repräsentiert auch ein gutes halbes Jahrtausend Stadtgeschichte.

Seine heutige Gestalt erhielt es 1495, als der Schöffe Heinrich Dollart als neuer Eigentümer das ehemalige Haus „Rupenstein" umbauen ließ. Später wechselte es mehrfach den Besitzer und wurde schließlich als Zentrum eines florierenden Galmeihandels im 16. Jahrhundert „Das Große Haus von Aachen" oder auch „Kelmishaus" (Galmeihaus) genannt. 1666 gelangte es in das Eigentum der Stadt, die es vorübergehend an einen Weinhändler verpachtete. Dann wurde es nacheinander Stadtwaage, Zollhaus, königliche Salzfaktorei, Polizeiverwaltung und Gefängnis, bis es in unserem Jahrhundert überwiegend als Museum genutzt wurde. Auffallend sind bei dem sechsachsigen Ziegelsteinbau die bis zu den Fensteroberkanten des Mittelgeschosses hochgezogene Hausteinverblendung und die in Aachen viel verwendeten Kreuzstockfenster im Unter- und Mittelgeschoß. Die Fenster im Obergeschoß, die teilweise nachträglich gebrochen wurden, sind in Blaustein gerahmt. Ein runder Torbogen an Stelle des rechten Mittelfensters im Erdgeschoß dient als

schmuckloser, fast festungsähnlicher Eingang. Repräsentation spielte bei diesem Zweckbau offenbar nie eine Rolle.

Ganz anders das wunderschöne Pfarrhaus (Abb. Seite 19) der neugotischen Heilig-Kreuz-Kirche nahe beim Ponttor. In dieser Nachbarschaft: eine barocke Überraschung! Daß Kirche und Pfarrhaus zusammengehören, glaubt man kaum. Aber es war sicher eine kluge Entscheidung um die Jahrhundertwende, nur die baufällige Kirche der ehemaligen Kreuzherren, nicht aber das Prioratsgebäude aus dem Jahre 1738 durch einen Neubau zu ersetzen. So blieb die barocke Kostbarkeit, ein zweistöckiger, fünfachsiger Bau mit geschwungenem Giebel und reich geschmücktem Portal, nach dessen Architekt noch geforscht wird, erhalten. Und der Pfarrer kann nichts dafür, daß sein Haus heute einladender wirkt als die Kirche...

Einige Schritte weiter – und wir begegnen dem Mittelalter. Hier erinnert das Ponttor – einst Festungs-, später auch Wohn- und Versammlungsgebäude – an eine bedeutende Epoche Aachener Stadtgeschichte: an den Bau der zweiten, der sogenannten äußeren Stadtmauer.

Begonnen hatte alles im Jahre 1171, als die Bürger Aachens sich verpflichteten, ihre von Kaiser Barbarossa mit reichen Privilegien ausgezeichnete Stadt binnen vier Jahren durch eine Mauer zu schützen. Sie hielten dieses Versprechen. Im Zuge des sogenannten Grabenrings, der noch heute an Straßennamen wie Seil-, Hirsch-, Kapuziner-, Alexianer-, Löher- und Templergraben ablesbar ist, errichteten sie aus mächtigen Quadern die Barbarossamauer. Von ihrer imposanten Stärke kann man sich zwischen Pontstraße und Hirschgraben ein Bild machen. Dort sind nach dem Krieg zugebaute Teile des alten Mauerrings freigelegt worden.
Aber es dauerte keine hundert Jahre, da platzte die freie Reichsstadt aus ihren Mauernähten. Schon in der zweiten Hälfte des 13. Jahrhunderts bauten die Aachener einen zweiten, den sogenannten äußeren Mauerring um ihre Stadt. Er zog sich, 5,5 Kilometer lang, vom Ponttor über den heutigen Alleenring bis zu Adalbertstraße, Wallstraße, Marschiertor, Boxgraben, Lavenstein, Junkerstraße, Turmstraße und Pontwall, ausgestattet mit elf mächtigen Stadttoren und 22 Türmen. Von diesem Jahrhundertunternehmen, das die Bürger von 1257 bis 1357 beschäftigte und sie eine Menge Schweiß und Geld kostete, sind heute nur noch wenige Reste erhalten. Zu ihnen gehört das mit Vorburg, Fallgitter, Wassergraben, Wehrgängen und Schießscharten ausgestattete Ponttor, das etwa zwischen 1326 und 1344 entstanden ist. Mehrfach drohten ihm Abbruch und Verfall, zuletzt nach den Zerstörungen des Zweiten Weltkrieges. Zum Glück wurde es gerettet. Heute sind die Aachener stolz auch auf dieses „schöne Haus", das an eine große Epoche ihrer Vergangenheit erinnert.

Zu den weiteren erhaltenen Anlagen des äußeren Mauerrings gehören die Hauptburg des Marschiertors, heute ebenfalls einer friedlichen Nutzung durch Bürgervereine zugeführt, die als Ehrenmal ausgestattete Marienburg an der Ludwigsallee und der Wohnzwecken dienende „Lange Turm" oder „Pulverturm" an der Turmstraße.
Turm, Burg, Festung – da heiligt der Zweck die Form. Und erst der Abstand der Jahrhunderte verklärt in

Markanter Bau auf geschichtsträchtigem Grund: Das Aquis-Grana-City-Hotel am Büchel.

Marked building on historical soil: The Aquis-Grana-City hotel beside Büchel.

nostalgischer Rückbesinnung das zutiefst Behausende solcher Architektur in seiner Schutzfunktion zur Schönheit.

Zurück zum Markt und vorbei an Kaiser Karl zu einem der merkwürdigsten und meistgeschätzten Häuser Aachens: zum Postwagen! (Abb. Seite 7). Tatsächlich – Postwagen nennt man dieses langgestreckte Holzhaus mit den kunstvoll gedrechselten Schlangensäulen und den heimeligen Butzenscheiben, das sich über einem Fachwerk- und Backsteinerdgeschoß an die Ostfassade des Rathauses schmiegt. Mit dem benachbarten dreigeschossigen Backsteinhaus, das unmittelbar an den Granusturm grenzt, bildet es eine gastronomische Liaison, die schon bestand, bevor hier Degraa-Bier ausgeschenkt und Schnitzel aus dem Ratskeller serviert wurden.

Die Vorgänger beider Bauten wurden vermutlich schon kurz nach dem Bau des Rathauses im 14. Jahrhundert in den Winkel zwischen Granusturm und Ostfassade gesetzt. Nach dem Stadtbrand von

RESTAURANT
Red House
Büchel
RESTAURANT
Red House
Küche
durchg. geöffn.
MENUE

Einer der letzten Reste historischer Bausubstanz am Büchel ist das Eckhaus zur Nikolausstraße. Nützlich und häßlich zugleich: das „angeflanschte" Parkhaus.

A last rest of historical buildings beside Büchel is this house at the corner Nikolausstraße. Useful and ugly at the same time: the parking.

1656 entstanden ein Jahr später die beiden heutigen Häuser, von denen das größere den Namen „Zum eyssernen cram" trug, während das kleinere „Zum gulden Hunt" genannt wurde. Beide dienten, wie wohl die meisten Bauten an der vom Markt zum Dom abzweigenden Krämerstraße, kleinen Gewerbetreibenden als Laden.

Einer dieser Gewerbetreibenden war zu Beginn des 19. Jahrhunderts der „Buchhändler" Freialdenhoven. Er hauste mit Frau und Kindern im Obergeschoß des Holzhauses, also des „Goldenen Hundes". Das Erdgeschoß diente als Geschäft. Seine Frau trieb einen schwunghaften Handel mit

Gewagte Akzentuierung des Katschhofs zwischen Dom und Rathaus: Der Neubau der Domsingschule an der Ritter-Chorus-Straße.

Courageous accentuation of the Katschhof between cathedral and town hall: The new building of the Domsing school next to Ritter-Chorus-Straße.

Schnallen und Knöpfen, während er sich der schönen Literatur widmete. Dabei beobachtete er seine Kunden sehr genau und ließ die Lesekundigen nach eigenem Geschmack in seinen Schätzen wühlen. Entdeckte er, was damals sicher häufig der Fall war, daß ein Kunde gar nicht lesen konnte, griff er gern zum Buch und „las" mit Feuer und Emphase einige besonders aufregende und spannende Passagen vor. Bis sich herumsprach, daß der „Buchhändler" die zu Gehör gebrachten Geschichten selbst erfand, da er gar nicht lesen konnte – da hatte er den Namen „Eulenspiegel" weg. Darüber war er nicht einmal traurig, sondern er setzte einen Schelm auf anderthalbe, indem er besonders guten Kunden die Bücher pfundweise nach Gewicht verkaufte.

So kam es, daß der Name „Eulenspiegel" an dem Holzhaus „Zum goldenen Hund" hängenblieb, auch dann noch, als dort eine andere Händlerin eingezogen war und Spielwaren verkaufte. Mit ihr und ihrem Laden wanderte der Name später in ein gegenüberliegendes Geschäftshaus, wo sich Aachens Lausbuben heute noch mit Spielwaren und Scherzartikeln eindekken.

Die Geburtsstunde des „Postwagens" dagegen schlug erst am 2. August 1902. Damals eröffnete Jakob Georg Buchmeier in den beiden von der Stadt restaurierten und vereinigten Gebäuden im Schatten des Granusturms eine Gastwirtschaft, die schnell florierte, denn der gebürtige Bayer verstand etwas von der Gastronomie. Nur den Namen „Zum Eulenspiegel" nahmen die Aachener nicht an. Der längliche Zech-Erker am Markt, der ein wenig an eine Postkutsche erinnerte, hieß im Volksmund bald der „Postwagen". Und dabei ist es geblieben, auch als das vom Krieg arg mitgenommene Gebäude von Franz Lüttgens liebevoll restauriert und, mit Altaachener Erinnerungsstücken ausgestattet, im März 1949 wieder seiner Bestimmung übergeben wurde.

Seither behauptet der Postwagen einen festen Platz unter den Sehenswürdigkeiten der Stadt. Ob er ein schönes Haus ist, sollte man jene fragen, die sich darin wohlfühlen: Alte Herren und Studenten, junge Paare, die sich soeben im benachbarten Standesamt ihr Ja-Wort gegeben haben, Einheimische und Weithergereiste. Eines werden sie diesem immobilen barocken „Wohnwagen" allemal bestätigen: originell ist er! Und wasserdicht...!

Die Krämerstraße, die hier beginnt, eine der ältesten Geschäftsstraßen der Stadt, ist ein lebendiges Beispiel für den Umgang der Aachener mit ihrer Geschichte: Sie bekennen sich zu ihr mit teils gediegenen, teils sehr pragmatischen Lösungen, ohne den Blick für die Zukunft zu verlieren. Dabei lassen sie gelegentlich fünf gerade sein. Preußischer Purismus ist ihnen fremd.

Als man in anderen Städten noch diskutierte, wie man den Autoverkehr in die Stadt locken könne, da richtete man in Aachen schon die ersten Fußgängerzonen ein. Zu ihnen gehören die Krämerstraße mit dem Komplex um Hühnermarkt und Hof, der Dahmen- und Holzgraben sowie der untere Teil des Büchels und schließlich die Adalbertstraße. Man glaube nicht, dies sei ohne Widerstand der Anlieger abgegangen. Die Geschäftsleute fürchteten um ihren Umsatz, die Hausbesitzer um ihre Mieten.

Ein Stück altes Aachen: Das Haus „Zur Mark" am Fischmarkt.

Part of old Aachen: The house Zur Mark next to Fischmarkt.

KUNST &
Antiquitäten
24

STADTARCHIV
Schmiedstraße

Das Grashaus am Fischmarkt mit den Statuen der sieben Kurfürsten in den Nischen unter der Dachtraufe wurde 1267 als Vorläufer des heutigen Rathauses gebaut.

The Grashaus we find in Fischmarkt, which has statues of the 7 electors in it's niches under the roof-eaves, built 1267 as precursor of the nowadays townhall.

Noble Adresse im Herzen der Stadt: Das Gebäude der Stadtsparkasse am Münsterplatz.

Noble address in the heart of the town: The building of the Stadtsparkasse next to Münsterplatz.

Die Praxis widerlegte alle Befürchtungen. Im Gegenteil: Gut ausgestattete Fußgängerzonen avancierten zu bevorzugten Geschäftslagen und zu besonders geschätzten Wohnvierteln. Natürlich hatte man in den fünfziger Jahren und zu Beginn der sechziger Jahre auch in Aachen über große Verkehrsachsen und eine Durchlüftung der Innenstadt nachgedacht.

Aber die Aachener haben, der gewachsenen Struktur ihrer Altstadt gemäß, einen ausgeprägten Sinn fürs Kleinteilige. Das hat nicht nur den Verlauf der Diskussionen geprägt, sondern auch zu Ergebnissen geführt, die stärker am Althergebrachten als an Zukunftsvisionen orientiert sind. Das hat sich als vorteilhaft erwiesen. Verkehrsplaner, die mit dem Rasenmäher über alte Strukturen hinweggehen, hatten hier keine Chance. Und der ehemalige Baudezernent der Stadt, Prof. Dr. Wilhelm Fischer, nahm es gelassen auf sich, daß man ihm gelegentlich Mangel an Fortschrittsgläubigkeit ankreidete. Er hatte den richtigen Instinkt. Heute ist man ihm dankbar.

Die Krämerstraße ist so ein Stück Wilhelm-Fischer-Erbe. Schon früh begann man hier, im Schatten des Doms und des Rathauses, alten Baubestand zu sichern und Lücken behutsam zu schließen. Bauherren und Architekten, gelegentlich zu ihrem eige-

Einst Musterbeispiel klassischen Jugendstils: Die ehemalige Fischhalle Frohn an der Mefferdatisstraße.

Once typical example of classical Art Nouveau: The former fishhall Frohn in Mefferdatisstraße.

nen Glück überredet, machten mit und nahmen mancherlei Beschränkungen und Risiken auf sich. So blieben, in einer der mondänsten Geschäftsstraßen der Stadt, viele schöne Häuser aus alter Zeit erhalten.

Schon die traditionellen Namen der im Denkmälerverzeichnis aufgeführten Bauten vermitteln etwas vom Flair vergangener Jahrhunderte. Da sind das „Weinfaß“ und der „Goldene Becher“, der „Apfelbaum“ und das „Güldene Faß“, die „Elster“ und das „Haupt“, der „Goldene Spiegel“ und das „Goldene Kreuz“, der „Goldene Wagen“ und der „Goldene Pflug“.

Gewiß, nicht alles, was hier wieder aufgebaut wurde, fand Beifall.

Hier kann man im Jugendstil baden: Die Schwimmhalle an der Elisabethstraße.

This place is full of Art Nouveau: The swimming-establishment in Elisabethstraße.

Das Haus „Im Heiligen Geist" gleich neben der altehrwürdigen Kirche St. Foillan, deren neugotischer Turm mit der Chorhalle des Münsters korrespondiert, war im Krieg zerstört und wurde 1950 im Stil des Altbaus aus dem Jahre 1656 wieder neben die Kirche gesetzt.

Man mag darüber streiten, ob die Kombination mit der modernen Geschäftsfassade im Erdgeschoß zuträglich ist. Aber der dreigeschossige Bau mit seinem markanten Rundturm und der Zwiebelhaube erfüllt hier eine wichtige städtebauliche Funktion, wie Dr. Paul Schoenen schon 1952 in einem Aufsatz festgestellt hat. Er „diente der Erhaltung eines wichtigen Zusammenhangs. Dem Münsterplatz wurde hier der notwendige Abschluß gesichert, und gleichzeitig wurde der durch das Haus Appelrath so empfindlich gestörte Maßstab zum Teil wieder ausgeglichen."

Das Haus Appelrath am Dom, einst seiner Textilien wegen im Volksmund „Boxemönster" oder „Hosenmünster" genannt, existiert in seiner ursprünglichen Form nicht mehr. Geblieben sind nur Teile der alten Fassade und der in der Nachbarschaft des Doms falsche Maßstab. Der nach der Gründerzeit im Jahr 1884 errichtete Bau war in den Jahren 1909–1911 von dem Architekten und späteren Dombaumeister Joseph Buchkremer umgebaut und erweitert worden. Die Werksteinfassade mit ihren neuromanischen und neugotischen Schmuckformen ist weitgehend erhalten geblieben, doch wurde der Bau zu Beginn der achtziger Jahre völlig ausgekernt und über den sechs Ladenlokalen des Erdgeschosses in drei weiteren Etagen mit Arztpraxen und Wohnungen des gehobenen Bedarfs neugebaut. Das Ergebnis, besonders zur Katschhofseite hin, ist nicht allzu überzeugend. Immerhin wurde ein wichtiger Grundsatz der Innenstadtsanierung konsequent beachtet: Neben den gewerblichen Räumen entstand neuer Wohnraum. Er wird mithelfen, der in Aachen erfolgreich bekämpften Gefahr einer Verödung der Innenstadt entgegenzuwirken.

Gegenüber diesem Bau am Ende der Krämerstraße verdient das Eckhaus zum Hof (Abb. Seite 17) hin Beachtung. Hier wurde ein Neubau mit der translozierten Blausteinfassade des ehemaligen Hauses Peterstraße 49 versehen. Mit seinen drei Geschossen in fünf Achsen, dem Mittelgiebel und den Pilastern fügt es sich als Geschäftshaus erstaunlich harmonisch in die Umgebung. Die Puristen unter den Denkmalschützern mögen schaudern. Aber das „Aachener Modell", erhaltenswerte Fassaden nicht mehr zu rettender Häuser auf diese Weise einer neuen Verwendung zuzuführen, wird erst von späteren Generationen gültig zu beurteilen sein.

Bleiben wir gleich am Hof, einem der typischen Dreieckplätze der Altstadt. Blickfang ist der römische Portikus vor einer Gruppe von drei Häusern mit alten Fassaden. Sie sind malerische Kulisse eines der schönsten Altstadt-Winkel, von der Jugend, nicht ohne eigennützige Beihilfe des Domkellers (Abb. Seite 13), in eine Art moderner Agora verwandelt, wo man sich trifft und miteinander redet.

Der Portikus aus der zweiten Hälfte des 2. Jahrhunderts, gefunden bei Ausgrabungen unter dem ehemaligen Quirinusbad auf dem Grundstück Hof 7 (Abb. Seite 21), ist Teil einer römischen Wandelhal-

An der Kopfseite des Augustinerplatzes verbirgt sich hinter der klassizistischen Fassade aus dem frühen 19. Jahrhundert ein Neubau.

At the beginning of the Augustinerplatz, you find behind the classic, built in the early 19th century, a new building.

le, die einst das benachbarte Quellheiligtum mit Badeanlagen und Tempeln umgab. Schriftliche Aufzeichnungen darüber gibt es nicht. Geblieben sind nur die drei schlanken, kannelierten Säulen mit korinthischen Kapitellen, auf denen die 3,50 m weiten Rundbogen ruhen. Die Rundungen sind auf beiden Seiten mit Ornamentbändern verziert. Kreisornamente über den Säulen betonen zur Hofseite hin die Zwickel. Ein etwas überragender Architrav mag einst den Oberbau getragen haben.

So bescheiden dieser 1970 rekonstruierte Rest auch sein mag – dessen Original sich an exponierter Stelle des Rheinischen Landesmuseums in Bonn befindet, während die Aachener mit einer materialgetreuen Kopie Vorlieb nehmen müssen – er vermittelt doch eine Ahnung von Glanz und Größe der „schönen Häuser" des römischen Aachen, in denen einst die Legionäre vom Tiber ihr Heimweh nach den Thermen der Heimat weggespült haben mögen. Stadthistori-

ker Walter Kaemmerer vermutet gar, daß Kaiser Caracalla im Jahre 215 in den Wassern des keltischen Gottes Grannos zu Aachen Heilung gesucht haben könnte. Der römische Hauptmann Lucius Latinius Macer von der IX. Legion läßt jedenfalls nach dem im Burtscheider Schwertbad aufgefundenen Votivstein aus dem zweiten Jahrhundert keinen Zweifel am schon in der Antike weitverbreiteten hohen Ruf der wohltätigen Kraft des Aachener Wassers.

Mögen die Reste römischer Badeanlagen zwischen Hof und Büchel noch zu Karls des Großen Zeit genutzt worden sein, so sind sie in nachfränkischer Zeit vom mittelalterlichen Aachen überwuchert worden und später ganz in Vergessenheit geraten. Ältestes Haus am Hof ist heute der schöne Eckbau an der Körbergasse, in dem sich das Restaurant Domkeller befindet (Abb. Seite 13). Die Ankersplinte an der Körbergasse nennen als Entstehungszeit das Jahr 1658. Möglicherweise gehört das Tonnengewölbe des Kellers zu einem noch älteren Bau, der dem Stadtbrand von 1656 zum Opfer fiel. Über den zwei Geschossen des Backsteinbaus befindet sich ein Giebelge-

Die neuen Häuser in der Fußgängerzone Scheibenstraße leisten einen Beitrag zur Sanierung des Rehmviertels.

The new houses in the pedestrian part Scheibenstraße, belong to the sanitation: Rehmviertel.

schoß. Die mittelalterlichen Kreuzstockfenster sind an der Frontseite mit Blaustein gerahmt. Seitlich über dem Eingang setzt ein sogenanntes „Ochsenauge", ein oval in Blaustein gerahmtes Fenster, einen barocken Akzent in die Fassade. Das Dach ist als Schwebegiebel über einer Dachluke weit nach vorn gezogen.

Zwischen Bendelstraße und Hermann-Heusch-Platz entstand auf ehemaligem Fabrikgelände ein neues Wohnviertel.

Between Bendelstraße and Hermann-Heusch-Platz was built on an old factory area a new residential quarter.

Das dreiachsige Nachbarhaus aus Backstein mit schönem Blausteingewände stammt im Kern aus dem Jahre 1752. Rechts angefügt wurde ein schlanker, zweiachsiger, dreigeschossiger Bau mit einer vom Hause Büchel Nr. 22 translozierten Fassade aus der ersten Hälfte des 19. Jahrhunderts.

Bemerkenswert ist schließlich die klassizistische Fassade des ehemaligen Quirinusbades (Abb. Seite 21), das A. F. F. Leydel 1825 im Auftrag der Stadt errichtet hat. Der zweigeschossige, neunachsige Bau mit vorspringendem Gesims, Attika und einachsigem Mittelrisalit, von Leo Hugot als Pfarrheim nach dem Krieg wiederaufgebaut, schließt den Platz nach Südosten hin ebenso konsequent wie dekorativ ab, ohne aufdringlich zu wir-

ken. Daneben bildet das Haus Hugot mit den von der Eilfschornsteinstraße 25 translozierten Fassadenteilen das gelungene Beispiel eines innerstädtischen Neubaus, der sich ebenso schlicht wie selbstbewußt seiner Umgebung anpaßt.

Nicht überall ist es gelungen, das Stadtbild so harmonisch wiederherzustellen wie am Hof. Immerhin hat man, nach anfänglichem Tasten, sehr bald ein konkretes Ziel verfolgt, das der damalige Baudezernent Prof. Dr. Wilhelm Fischer so formulierte: „Städte, die ein historisches Erbe übernommen, zu hüten und zu pflegen haben, stehen vor eigenen Problemen. Nur die Sammlung und Konservierung überlieferter Baudenkmäler birgt die Gefahr in sich, daß diese Städte zu Museen werden. Wertvoller als die Baumasse des einzelnen Baudenkmals oder die eines Ensembles ist die Ausstrahlungskraft, die eigene Atmosphäre dieser Städte. Diese Atmosphäre zu erhalten und mit Leben zu versehen, bedeutet Erfüllung der mit dem Erbe übernommenen Pflicht. Zu diesem Erbe zählt in Aachen die ganze Stadt, aber auch die Vielzahl an städtebaulich charakteristischen Details des denkmalwerten

Neugeschaffen wurde im Sanierungsgebiet I mitten im Stadtzentrum der Augustinerplatz mit Wohn- und Geschäftshäusern.

In the sanitated part I, which is in the middle of the town centre, we find the Augustinerplatz with new dwelling-houses and shops.

Als Bürgerhaus und Kulturzentrum dient heute die Barockfabrik am Löhergraben, in der einst Aachener Tuche produziert wurden.

Today as a citizen house and culture center, is used Barockfabrik in Löhergraben, once a cloth fabric of Aachen.

Grundrisses der Stadt, wie zum Beispiel der Knick in der Bauflucht, der Risalit am rechten Eck, der dreieckige Platz, die angemessene Höhe von Straßen- und Platzwänden usw. Schließlich aber auch die kleinen begleitenden, aber entscheidend mitsprechenden Dinge wie Türen, Fenstergewände, Schlußsteine, Gitter, Ornamente, Material, Farbe und vieles andere, nur scheinbar Unbedeutende...

Die Aufgabe des gesamten Wiederaufbaus wird die sein: die richtigen Verhältnisse zu schaffen zwischen der historischen Stadt und den Ansprüchen modernen wirtschaftlichen Lebens und Verkehrs. Wenn hier immer wieder die historische Bedeutung der Stadt unterstrichen wurde, so ist das nicht gleichbedeutend mit einer Rekonstruktion des früheren Zustandes, sondern mit dem Willen, durch Maßstab und Material das zu erhalten, was dem Fremden der Begriff ‚Aachen', dem Aachener selbst Heimat bedeutet..."

Kein Wunder, daß „schöne Häuser" im Bereich der Innenstadt meistens alte Häuser sind. Wir werden noch einigen von ihnen begegnen. Bei den ersten großen Neubauten

nach dem Krieg dagegen dominierten eher reine Zweckform, vornehme Zurückhaltung oder gar ängstliche Unsicherheit. Hohen ästhetischen Ansprüchen halten nur wenige von ihnen stand. Wegweisende Akzente wurden nicht gesetzt.

So kann man heute nicht traurig darüber sein, daß das 1963 gebaute und hinter einer Mataré-Wand versteckte Kaiserbad am Büchel wieder verschwindet, wobei man gut daran tut, sich Zeit zu nehmen, über eine städtebaulich angemessene Schließung der hier entstehenden Baulücke nachzudenken. Der Büchel hat es nötig!

Das benachbarte „Haus der Kohle" ist architektonisch ein durchaus solider Zweckbau, nur steht er mit seinen acht Geschossen vor der Kulisse von Dom und St. Foillan sowie im Weichbild des Elisenbrunnens am falschen Platz. Es würde dem Ansehen des Eschweiler Bergwerks-Vereins nicht schaden und dem historischen Stadtkern guttun, wenn man ihn „translozieren" könnte...

Weitaus gelungener und – trotz seiner sieben Stockwerke – zurückhaltender behauptet sich das von Professor Erich Heyne geplante, 1982 eröffnete Hotel Aquis Grana mit seiner gefächerten Klinkerfassade am Büchel (Abb. Seite 23). Es nimmt an der Buchkremerstraße die klassizistische Fassade des Bads zur Königin von Ungarn, die Friedrich Ark 1861 geschaffen hat, auf und grenzt am Büchel an die schönen klassizistischen Fronten der Häuser Nr. 32 und 34. Die Baumasse wurde durch Zurücknahme der beiden oberen Geschosse optisch gemildert. Ansonsten bleibt am Büchel noch das im 18. Jahrhundert von Johann Joseph Couven umgebaute Eckhaus zur Nikolausstraße mit seinen Blausteingewänden, der Marienfigur in einer Ecknische und der alten Ladeluke im Giebel (Abb. Seite 24), bevor das benachbarte Parkhaus an die Nachkriegs-Bausünden erinnert, die auch einem sorgfältigen Stadtplaner wie Professor Wilhelm Fischer unterlaufen sind...

Natürlich ist es heute leicht, über Fehler von damals zu lästern. Aber in den fünfziger Jahren galten andere Maßstäbe als heute. Viele Erkenntnisse, die heute Allgemeingut sind, bildeten sich im Laufe der Jahre heraus. Beispielsweise die, daß keine dicht besiedelte Innenstadt dem Autoverkehr von heute gewachsen ist. Damals glaubte man noch, den Autoverkehr durch kluge Kanalisierung und möglichst viele Großparkhäuser in die Innenstadt locken zu müssen. Inzwischen weiß man, daß die Vorzüge eines reichen Parkraumangebots für den ruhenden Verkehr in den Geschäftszentren der Innenstadt in keinem Verhältnis stehen zu den Belästigungen durch den ständig zufließenden und abfließenden Verkehr, der zu Stoßzeiten überdies im Stau erstickt und Innenstadtsyndrome mit Fluchtbewegungen zu den Supermärkten der Peripherie hervorruft. 30 Jahre später ist man immer klüger...

Immerhin wurde die Stadt Aachen dank ihrer römisch-fränkischen Topographie, die auch nach dem Zweiten Weltkrieg niemand ernsthaft anzutasten wagte, vor der Zerstückelung durch brutal niedergeholzte Verkehrsschneisen bewahrt. Als Hauptverkehrsstränge mußten zunächst Graben- und Alleenring herhalten, wobei man die neuralgischen Punkte wie Elisenbrunnen, Ponttor, Hansemannplatz und Kaiserplatz schon aus

Mit dem in den siebziger Jahren gebauten Kármán-Auditorium hat die Technische Hochschule zwischen Templergraben und Annuntiatenbach erfolgreich Anschluß an die Innenstadt gesucht.

With the Kármán audience, the technical university between Templergraben and Annuntiatenbach, surched connection to the centre of the town: with success.

Kostengründen sehr behutsam anging, statt sich mit den kühnen Brückenkonstruktionen allzu fortschrittlicher und autofreundlicher Verkehrsplaner anzufreunden. Einer der letzten kritischen Punkte in diesem Innenstadtsystem wurde 1985 mit dem Neubau der Landeszentralbank an der Hackländerstraße und der damit einhergehenden Neuordnung der Verkehrsführung an der Normaluhr kuriert. Ein inzwischen weitgehend fertiggestelltes äußeres Ringstraßensystem, das allerdings – etwa im Bereich Berliner Ring und Göbbelgasse oder bei der Überquerung der Lütticher Straße – zu kuriosen bis abstrusen Aachener „Knicklösungen" geführt hat, fängt heute viel von dem Verkehr ab, den man einst glaubte mitten durch die Stadt hindurchführen zu müssen.

Was das mit schönen Häusern zu tun hat? Eine Menge! Wer baut oder unterhält schon gern Häuser an lärmenden Schnellstraßen, verstopften Zufahrten oder eingezäunten Blechwüsten? Verkehrsplanung hat in unserer Zeit einen fundamentalen Einfluß auf die Lebensqualität einer Stadt, nicht zuletzt auf die schönen Häuser. Davon wird auch hier noch zu reden sein.

Fangen wir gleich mit dem Katschhof an! Er ist ein städtebauliches Lehrstück. Und ein Musterbeispiel hitzigen Meinungsstreits um schöne Häuser, historische Proportionen und merkantile Interessen.
Ein „Hof" war er schon immer, jedenfalls seit Karl der Große ihn bewußt zum Mittelpunkt zwischen Palastaula und Pfalzkapelle gemacht hatte. Der überdachte Gang vom weltlichen zum geistlichen Teil der Anlage, der schon von Einhard beschriebene „porticus", begrenzte die Westseite und gestattete dem Kaiser den direkten Zugang aus seinem Wohnbereich in das Obergeschoß der Pfalzkapelle. Im Anschluß an den Granusturm auf der Ostseite dürften diesen Hof weitere Bauwerke der karolingischen Pfalz gesäumt haben, doch gibt es hierüber keine gesicherten Unterlagen. Ein von Leo Hugot entwickeltes Pfalzmodell mag der Realität von einst sehr nahekommen. Es zeigt auch deutlich die Torhalle innerhalb des westlichen Verbindungsgangs in Höhe der heutigen Ritter-Chorus-Straße. Man nimmt an, daß hier schon in karolingischer Zeit Gericht gehalten wurde – wie später dann fast an gleicher Stelle in der Acht, dem mittelalterlichen Gerichtsgebäude. Vor ihm wurde kurz vor der Mitte des 14. Jahrhunderts der Schandpfahl, im Niederländischen Kaak

Ein gigantisches, von Kostenexplosionen begleitetes Bau-Monstrum: Das TH-Klinikum nahe der Vaalser Straße, heute Zentrum der Hochleistungs-Medizin.

A gigantic building, accompanied by enormous charges: The university hospital near Vaalser Straße, today centre of high performance medicine.

Preußischer Repräsentationsbau für Forschung und Lehre: Das 1870 fertiggestellte Hauptgebäude der Technischen Hochschule am Templergraben.

Prussian representationshouse for research and science: The 1870 finished main building of the university next to Templergraben.

oder Kax genannt, errichtet, dem der Platz seinen heutigen Namen verdankt. Vordem nannte man ihn einfach „curia ante aulam“ (Hof vor der Königshalle), „ballium“ (ein von Mauern oder Gebäuden umschlossener Hofraum) oder „alde Hoff“. Der im vorigen Jahrhundert unternommene Versuch, ihn nach einem bedeutenden Bürgermeister des 14. Jahrhunderts Ritter-Chorus-Platz zu benennen, wurde nach dem Bau des wilhelminischen Verwaltungsgebäudes 1902 wieder aufgegeben.

Die Geschichte dieses Platzes und seiner Bebauung im Laufe von über 1100 Jahren ist nicht unwichtig für die Beurteilung der heutigen Situation. Sie zeigt auf exemplarische Weise die Schwierigkeiten einer zeitgenössischen Bebauung in einer historisch gewachsenen Umgebung. Dabei verfügen auch jene, die die heutige Lösung als unbefriedigend empfinden, nicht über Patentrezepte.

Ursprünglich Hof einer als Einheit anzusehenden Pfalzanlage, wurde der Platz im Laufe der Jahrhunderte von wechselnden „Anliegern“ so stark eingeengt, daß er zeitweise höchstens die Hälfte der heutigen Fläche umfaßt haben und

Vor dem drohenden Abbruch gerettet wurde das Haus „Ejjene Keiser Karl" an der Ecke Jakobstraße-Kockerellstraße.

Saved for pulling-down, the house Ejjene Keiser Karl at the corner Jakobstraße-Kockerellstraße.

Ein Patrizierhaus aus der guten, alten Zeit: Der „Wylresche Hof" an der Jakobstraße.

A patrician house built in the good, old time: Wylresche Hof next to Jakobstraße.

ein intimer Raum für städtische Geschäfte aller Art gewesen sein dürfte. So gab es an der Westseite, unmittelbar an Königshalle und späteres Rathaus anschließend, die Tuchhalle oder das Gewandhaus, in dem die Tuchhändler der Stadt ihre Geschäfte abwickelten, erwähnt schon im Jahre 1166. Daran schloß sich das Gerichtsgebäude an, die schon erwähnte Acht. Hier residierte der Vogtmajor, hier tagten die Schöffen, hier kamen die Verurteilten hinter Schloß und Riegel. Der anschließende Kreuzgang des Doms markierte den Beginn des geistlichen Bereichs.

An die Stelle des Gewandhauses trat später das Komödienhaus, das nach dem Bau des neuen Stadttheaters am heutigen Theaterplatz in eine Schule verwandelt wurde. Aachens großer Baumeister Johann Joseph Couven gab dem Komödienhaus und der benachbarten Acht im 18. Jahrhundert eine sehr gediegene barocke Fassade, die mit den Barocktürmen des Rathauses

Die Delius-Fabrik an der Delius-straße. Wo einst Tuche, dann Schokolade produziert wurden, wohnen heute Menschen in neuzeitlichem Komfort.

Delius-factory next to Deliusstraße. Here once were made cloth, then chocolat. Today inside are living people in modern luxury.

Aus der schmalen Front eine Tugend gemacht: Wohn-Geschäfts-Haus an der Klostergasse.

Made of a small front a virtue: dwelling-house and shopping-centre in Klostergasse.

Elegante Lösung für einen Wohn-Geschäfts-Bau mit versetzten Fluchtlinien an der Jakobstraße.

Elegant solution to build a dwelling-house and shopping-centre, with displaced alignments in Jakobstraße.

und der Barockkuppel des Münsters harmonierte.

Zu jener Zeit war auch die Südseite des Katschhofes unmittelbar vor der Domfassade von niedrigen Häusern gesäumt, wie schon auf der Dürer-Zeichnung von 1520 deutlich zu erkennen ist. Ein Foto aus dem Jahre 1875, der Frühzeit der Fotografie, zeigt an jener Stelle, flankiert von schmalen Bürgerhäusern, den breit vor Chorhalle und Pfalzkapelle hingepflanzten, freilich nur zweistöckigen Bau des Brauhauses, das man damals „die Rommel“ nannte.

Von den schmalen Bürgerhäusern der Ostseite, die heute zur Krämerstraße hin orientiert sind, kann man sich an Hand der heute noch erhaltenen Bebauung eine Vorstellung machen. Dagegen sind die einst auch dem mächtigen Rathaus an der Granusturmseite vorgelagerten Bürgerhäuser verschwunden, als man um die Jahrhundertwende dem Rathaus die spitzen Frentzen-Türme verpaßte und die Katschhofseite mit Rundbogen, Kreuzstockfenstern und Laubengang neugotisch „aufputzte“.

Schöne Hülle für Dichtung und Wahrheit: Die öffentliche Bibliothek der Stadt Aachen an der Couvenstraße.

Beautiful cover for poetry and truth: The public library of Aachen, in Couvenstraße.

Um jene Zeit vollendete sich der brutalste Eingriff, den der Katschhof je über sich hat ergehen lassen müssen. Gründerzeit-Stimmung, romantisierender Historismus und wilhelminisches Pathos vereinigten sich 1898 im Kolossalentwurf eines Verwaltungsbollwerks, für das der aus Aachen stammende, in Darmstadt lehrende Architekt Friedrich Pützer damals einstimmig den ersten Preis erhielt. Der Plan, der phantasievoll mit mittelalterlichen Burgelementen spielte und sie zu einem gewaltigen Baukörper mit mächtigem Turm zusammenfügte, war nicht ohne einen Schuß von Genialität, zumindest nicht in seinem hemmungslosen Selbstbehauptungsanspruch. Daß er damals das hochkarätige Preisgericht beeindruckte, muß man aus dem Zeitgeist heraus verstehen. Das Ergebnis, nach der Grundsteinlegung durch Oberbürgermeister Veltman am 22. Juni 1900 drei Jahre später seiner Bestimmung übergeben, prägte dann fast ein halbes Jahrhundert lang mit seinem protzig überdimensionierten Verwaltungsbergfried nicht nur die Architektur des Katschhofs, sondern auch das Obrigkeitsverständnis vieler Aachener. Dom und Rathaus waren fast zur bloßen Dekoration dieser Aktentrutzburg herabgewürdigt.

Es bedurfte vieler geschichtlicher Erfahrungen und der trostlosen Zerstörungs-Bilanz des Zweiten Weltkriegs, ehe man in den fünfziger Jahren reif war zum Umdenken. Daß das altehrwürdige historische Rathaus nach schwersten Beschädigungen vor dem endgültigen Verfall gerettet werden mußte, bedurfte kaum einer Frage. Wie aber sah es mit dem Verwaltungsanbau am Katschhof aus? Er lag zum größten Teil in Trümmern. Sollte man ihn im Stil der wilhelminischen Zeit wieder aufbauen?

Am 18. November 1955 kam eine Expertenkommission im Aachener Rathaus nach eingehender Diskussion und Ortsbesichtigung zu dem Schluß: Abbruch der Reste und Bau eines neuen Verwaltungsgebäudes, „das den Katschhof in seiner ursprünglichen Gestalt abschließt und die Spannungsverhältnisse zwischen Dom und Rathaus wiederherstellt. Die Aufgabe wird sein, dem Bauprogramm mit diesem Gebäude in der heutigen Bausprache zu genügen und zugleich dienendes Glied zwischen den beiden großen historischen Monumenten zu sein, maßvoll sowohl in den Höhen wie in der architektonischen Sprache."

Eine kluge Forderung, die zusammenfassend so begründet wurde: „Der Katschhof gehört zu den bedeutendsten mittelalterlichen Platzanlagen Deutschlands. Seine einmalige Wirkung ist darin begründet, daß zwei ausgeprägte Längsbauten – der Dom und das Rathaus – zueinander in ein Spannungsverhältnis gebracht sind, das noch durch das Gelände gesteigert ist, während die Längsseiten durch Verbindungsbauten geschlossen waren. Von dieser historisch gegebenen, auch im heutigen Zustand noch wirksamen Grundeigenschaft des Platzes muß ausgegangen werden."

Hinzugefügt wurde die Empfehlung, die aus Verkehrsgründen notwendige Ritter-Chorus-Straße zu überbauen, sowie die Forderung, die Gestaltung der beiden zerstörten Rathaustürme und die Bereinigung der Rückseite des Rathauses mit in die Neuplanung einzubeziehen.

Was ist daraus geworden? Zunächst ein Architektenwettbewerb. Dann ein erster Preis an Prof. Gerhard Graubner, Hannover. Schließlich eine heftige Diskussion um Für und Wider. Und endlich der Neubau – einmal des Verwaltungsgebäudes, zweitens der Domsingschule und drittens des Standesamtes (Abb. Seite 8) zu Beginn der sechziger Jahre. Alle drei Gebäude verdienen im Zusammenhang mit der Bewertung des heutigen Katschhofs eine kritische Würdigung.

Dem Verwaltungsneubau von Graubner ist nachzurühmen, daß er die Forderung, „maßvoll zu sein sowohl in den Höhen wie in der architektonischen Sprache", buchstäblich erfüllt – nach Meinung mancher Kritiker allzu wörtlich: So brav und zurückhaltend wie dieser schlichte vierstöckige Bürotrakt mit seinen dezenten Metallverblendungen unter den monotonen Fensterreihen braucht ein Bau am Katschhof, der zwangsläufig in Dialog mit Dom und Rathaus tritt, gar nicht aufzutreten. Hier hatte man, eingedenk früherer Übertreibungen, offenbar „Angst vor der eigenen Courage", wie die Aachener sagen.
Störend ist an dem Bau eigentlich nichts – außer seiner merkwürdigen Fremdheit. Er drängt sich nicht auf, aber er fügt sich auch nicht ein. Es scheint, als sei er mit keinem höheren Anspruch errichtet worden, als möglichst unauffällig eine Baulücke zu schließen. Daß die Ritter-Chorus-Straße, wie von der Kommission ausdrücklich nahegelegt, nicht überbaut wurde, ist kein Mangel des Graubnerschen Entwurfs, sondern ein Ergebnis späterer Retuschen. Ursprünglich hatte Graubner einen geschlossenen Komplex vom Rathaus bis zum Dom vorgesehen, wie es der einstigen karolingischen Platzgestaltung entsprach. Dabei schloß der langgestreckte, an der Ritter-Chorus-Straße im Erdgeschoß als Durch-

Das Rosviertel mit dem Roskapellchen und dem Turm der Pfarrkirche St. Jakob.

The Rosviertel with the Roskapellchen and the tower of the parish-church St. Jakob.

Die dreischiffige Basilika der Jakobs-Kirche gehört zu den schönsten Zeugnissen neuromanischer Kirchenbaukunst.
The three-naves basilica of the Jakob-church belongs to one of the most beautiful evidences of new-roman church-architecture.

gang geöffnete Verwaltungskomplex an den ebenfalls von Graubner geplanten Neubau der Domsingschule (Abb. Seite 25) an, der mit seinen drei Giebeln über der vertikal betonten, dreigliedrigen Giebelseite den Beginn des kirchlichen Bereichs sichtbar machte.

Die Idee war richtig, die Ausführung zu Beginn der sechziger Jahre ist unbefriedigend. Nicht nur wurden kirchlicher und weltlicher Bereich durch die Öffnung der Ritter-Chorus-Straße deutlich sichtbar auseinandergerissen, sondern die

zum Katschhof hin aus der bisherigen Fluchtlinie nach vorn versetzte Domsingschule akzentuierte diese Trennung und bildet seither einen unmotiviert isolierten Baukörper, der sich auffällig zum Katschhof hin „vordrängt“ und das Gesamtbild des Platzes stört. Daß der zur Platzseite hin im Erdgeschoß als eine Art Säulenhalle geöffnete, tür- und fensterlose Vorbau funktionslos ist, wurde 25 Jahre lang durch seinen Mißbrauch als „Bedürfnisanstalt“ quittiert – bis das Domkapitel ihn 1986 zum Informationszentrum für Aachen-Pilger und Dombesucher ausbauen ließ.

Weniger aufdringlich, wenn auch betont neuzeitlich wirkt der Verwaltungsbau, der den Platz an der Granusturm-Seite des Rathauses zur Krämerstraße hin abschließt. Seine drei etwas flacheren Giebel korrespondieren einerseits mit dem schräg gegenüberliegenden Neubau der Domsingschule, andererseits mit den alten Giebelhäusern des Hühnermarkts und der Krämerstraße. Prof. Dr. Paul Winter aus Aachen, der beim Verwaltungsbauwettbewerb mit dem zweiten Preis bedacht worden war, hat ihn entworfen. Der Bau, von dem aus auch ein alter, karolingischer Zugang zum Granusturm zu erreichen ist, beherbergt heute u. a. das Standesamt.

Drei Bauten der Neuzeit, die das Bild des Katschhofs prägen. Man schmälert sicher nicht die Einzelleistung der Architekten mit der Feststellung, daß hier die Chance, schöne Häuser im Sinne einer adäquaten Gesamtlösung zu schaffen, verfehlt wurde. Heute begreift man besser, was der „Vater“ des Internationalen Karlspreises, Aachens Ehrenbürger Dr. Kurt C. T. Pfeiffer, meinte, als er nach der Präsentation der Wettbewerbsergebnisse im Jahre 1957 in einer kritischen Zuschrift an die „Aachener Volkszeitung“ fragte: „Wo aber bleibt die Seele dieses Platzes, der einer der schönsten im Norden Europas ist und in dem sich die geschichtliche, künstlerische und geistige Substanz unserer alten Stadt summiert...“
Freilich wußte auch dieser Kritiker einer neuzeitlichen Lösung keinen wirklich diskutablen Gegenvorschlag zu machen. Der Hinweis auf den Palazzo Vecchio in Florenz oder die Forderung nach dem Material Bruchstein („Die Steine sollen reden“) erscheint kaum angemessen für eine Zeit, die mit Atomkraft umgeht und Menschen zum Mond schickt.
So bleibt die Katschhoffrage eine ständige Herausforderung für die jeweils lebende Generation. Wenn man bedenkt, wie viele Jahrhunderte an Dom und Rathaus geformt haben, wird man Ideallösungen „aus einem Guß“ mißtrauen. Große Bau- und Gestaltungsideen brauchen ihre Zeit der Reife, nicht zuletzt auch ein günstiges Klima und Persönlichkeiten, die Impulse setzen.

Nicht von ungefähr blieb die beim Wettbewerb um den Verwaltungsneubau am Katschhof von der Kommission geforderte Neuplanung der Rathaustürme in der Schwebe. Zwar hatte schon Graubner bei seinem Entwurf von 1956 wenigstens für den Marktturm eine Lösung angedeutet, die dem einstigen gotischen Aufbau nahekam. Aber dann zerstritten sich die Experten. Beim Rathausturmwettbewerb des Jahres 1956 kam es zu teils ansehnlichen, teils abstrusen Vorschlägen. Bis endlich 1977 Oberbürgermeister Kurt Malangré im Verein mit Stadtkonservator Dr. Leo Hugot den gordischen Knoten des unlösbaren Meinungsknäuels mit einem Streich durchhieb und

Um 1905 entstand dieses Jugendstilgebäude an der Lütticher Straße.

Around 1905 this Art Nouveau house was built in Lütticher Straße.

Ein- u. Ausfahrt
Tag und Nacht
freihalten!
Einfahrt
freihalten!

die Weichen kühn für eine konservative Lösung stellte: die Rekonstruktion der mittelalterlichen Türme. Wer wollte bestreiten, daß der Katschhof einen Teil seines Charakters nicht zuletzt diesen Türmen verdankt?

Vielleicht wird es eines Tages gelingen, den nach dem Krieg nicht sehr glücklich mit Quadratmustern bepflasterten Platz mehr als bisher zum Mittelpunkt städtischen Lebens zu machen. Die stärkere Öffnung des Erdgeschosses des Verwaltungsgebäudes zum Katschhof hin, die Neugestaltung des Rathausvorbaus und die Abgrenzung der Randzonen mit jungen Kaiserlinden sind Umfeldverbesserungen, die der Gesamtwirkung dienlich sind. Daß der 1983 ausgeschriebene Wettbewerb für ein Brunnendenkmal auf dem Katschhof mangels angemessener Lösungen ohne Folgen blieb, kann man angesichts der hierbei zur Diskussion gestellten Zumutungen nur als Entscheidung für den guten Geschmack begrüßen.

Bleibt als letztes Lehrstück der Stadtbildpflege am Beispiel des Katschhofes der Streit um das Blech auf dem „schönsten Parkplatz Europas". Mit dem Anwachsen des Autoverkehrs nach dem Krieg hatte es sich eingebürgert, den sauber bepflasterten, aber leeren Katschhof als zentral gelegenen Innenstadtparkplatz zu nutzen. Geschäftsleute, Kunden und Kneipenbesucher kurvten gern durch enge Gassen, um ihren fahrbaren Untersatz zwischen Dom und Rathaus abzustellen. Benachbarte Parkhäuser an Büchel, Mostardstraße, Nikolauskirche, Jesuitenstraße und Annastraße wurden gemieden, solange noch Aussicht auf ein freies Plätzchen zwischen den Monumenten des Mittelalters

Markante Ecklösung an der Mauer- und Deliusstraße.

Marked solution at the corner next Mauer- and Deliusstraße.

bestand. Aachens Autofahrer sind sehr geschichtsbewußt, wenn es um ihre Bequemlichkeit geht.

Eines Tages ging nichts mehr. Die schöne, unnötig breite Zufahrt von der Ritter-Chorus-Straße zum Katschhof wurde gesperrt, und der Sturm brach los. Bürgerinitiativen bestritten den Herren im Rathaus das Recht, in ihre althergebrachten Gewohnheiten einzugreifen. Geschäftsleute der Krämerstraße malten sinkende Umsatzzahlen und drohende Konkurse an die Wand. Und was überhaupt, so fragte man, soll ein städtischer Platz, wenn er zu nichts anderem dient, als leer und trostlos dazuliegen?
Das war 1982. Inzwischen haben Ratsherren, Gerichte, Geschäftsleute und gewöhnliche Bürger den Streit ausgefochten und begraben. Das Blech hat verloren, die Stadt insgesamt gewonnen. Seither wurde – wie schon beschrieben – einiges getan, den historischen Platz zu verschönern und zu beleben, etwa durch Wochen-, Kunst- und Floh-

Alt und neu glücklich vereint an der Mariahilfstraße.

Old and new in harmony, Mariahilfstraße.

märkte. Was daraus wird, ist nicht nur Sache der schönen Häuser, die ihn säumen, sondern vor allem der Menschen, die sich auf ihm bewegen...

Schon gute zehn Jahre früher vom Verkehr befreit wurde der benachbarte Hühnermarkt. An ihm erhebt sich eines der schönsten Häuser Aachens, vom Krieg verschont, sorgfältig restauriert und liebevoll mit bürgerlicher Wohnkultur des 17. und 18. Jahrhunderts ausgestattet: das Haus Monheim, heute als Couven-Museum die „gute Stube" der Stadt (Abb. Seite 16). Der repräsentative spätbarocke Backsteinbau mit 5:5 Achsen ist über zwei Geschossen von einem hohen, zunächst steil ansteigenden Mansarddach gekrönt, das über den Fenstergauben als flaches Walmdach mit Anschluß an den Nachbarbau ausläuft. Während Sockel und Erdgeschoß ganz aus Blaustein gefügt sind, im Mittelteil durch eine schlanke Eingangstür in Fensterbreite unterbrochen, besteht das Obergeschoß aus Ziegelmauerwerk, gegliedert durch die Blausteingesimse und -gewände mit dekorativ geschwungenen Keilsteinen.
Der Bau entstand 1786 im Auftrag des Apothekers und zeitweiligen Bürgermeisters Andreas Monheim unter Verwendung von Bausubstanz des nach dem großen Stadtbrand von 1656 errichteten „Coeberghischen Stockhauses".
Monheim, 1750 in Köln geboren und 1781 nach Aachen gekommen, übernahm die von Martin Jakob Coebergh betriebene Adlerapothe-

Der stolze Couven-Bau des Alten Kurhauses wurde, um einen Seitentrakt erweitert, in unseren Tagen als Neue Galerie – Sammlung Ludwig zum Zentrum moderner Kunst.

The proud Couven building, the old Kurhaus, was expanded by a wing, now world-wide known as art centre New Gallery – Collection Ludwig.

ke und erwarb 1783 das Haus, das er dann von Jakob Couven, dem Sohn und späteren Mitarbeiter des berühmten Aachener Baumeisters Johann Joseph Couven, umbauen ließ. Im Erdgeschoß ist noch die Einrichtung der alten Adlerapotheke zu sehen, in der seit 1857 von einem italienischen Chocolatier auch Schokolade hergestellt wurde, Ursprung der später weltweit bekannten Aachener Schokoladenindustrie der Familie Monheim.
Das Haus, in fünfjähriger Arbeit restauriert und von den um 1900 im Erdgeschoß stilwidrig eingebauten Schaufenstern befreit, dient seit 1958 mit insgesamt 26 sorgfältig eingerichteten Räumen als neues Couvenmuseum, nachdem das alte Couvenmuseum im Hause Fey am Seilgraben im Krieg völlig zerstört worden war. Sein repräsentativster Raum ist der „Große Saal“ im Obergeschoß, der sich über die ganze Fensterfront erstreckt. Mit seinen Bildtapeten, seiner Stuckdecke mit dem prachtvollen Pariser Kronleuchter, seinem in „reifem Aachener Stil“ geschnitzten Holzkamin und seinen Möbeln von Aachener und Lütticher Meistern des 18. Jahrhunderts ist er beliebte Kulisse kleiner Kammerkonzerte und erlesener Empfänge.

Der Bahnhofplatz mit dem Hauptbahnhof aus dem Jahre 1905 (links) und dem alten preußischen Hauptzollamt aus der Mitte des vorigen Jahrhunderts.

The station-square and the main station of the year 1905 (left) and the old prussian main-custom-house, built in the last century.

1828–30 entstand nach den Plänen Johann Peter Cremers das Gebäude der Bezirksregierung am Theaterplatz.

1828–30 growed up, according to a plan of Johann Peter Cremer, the building of the district-government, next to Theaterplatz.

Einbezogen in den Museumsbereich ist das „Haus zum Lindenbaum“ an der Ecke Hof und Romaneygasse, dessen Erdgeschoß aus dem 17. Jahrhundert stammt. Es beherbergt heute eine hochwertige Sammlung überwiegend niederländischer Fliesenkeramik aus der Stiftung Ludwig.

Das Haus Hühnermarkt 19 gleich neben dem Couvenmuseum, in dessen Erdgeschoß sich ein Antiquitätengeschäft befindet, ist wiederum Beispiel für den in der Innenstadt immer wieder gemachten Versuch, alte Bausubstanz notfalls aus Mosaikteilen zusammenzusetzen. Das recht ansehnliche Haus, das sich neben dem Couvenbau gut behauptet, ist um 1950 unter Verwendung von Teilen kriegszerstörter Altbauten errichtet worden, beispielsweise vom Hause Krugenofen 15/17 in Aachen-Burtscheid. Der Balkonkorb stammt vom ehemaligen Haus Franzstraße 8, die Haustür vom Haus Bahnhofstraße 22. Das mag Stückwerk nennen, wer glaubt, Antikes sei stets immer einheitlich und unverfälscht auf uns gekommen...
Bevor wir den Bereich um Dom

und Rathaus verlassen, der in einem Buch über schöne Häuser in Aachen zwangsläufig eine dominierende Rolle spielt, schauen wir uns noch am Fischmarkt und am Münsterplatz um. Vom Fischmarkt in Richtung Annastraße dehnte sich einst das fränkische Dorf aus. Es wird seine Gründe gehabt haben, daß die Stadtväter hier im Jahre 1267 ihr erstes Rathaus errichteten, von dem allerdings nur noch die gotische Quaderfassade mit der Tordurchfahrt erhalten ist. Dahinter befindet sich in einem 1886-1889 errichteten Anbau das Stadtarchiv mit seinen reichen Schätzen.

Woher der Name Grashaus (Abb. Seite 28) für das zur Zeit des Königs Richard von Cornwall errichtete Gebäude stammt, weiß man nicht genau. Mag sein, daß der sich dahinter ausdehnende Dorfanger Pate gestanden hat. Vielleicht war es auch Stroh, auf das sich die Gefangenen in den Verliesen des Gemäuers betten mußten. Jedenfalls wird es schon in einer Urkunde des Jahres 1447 so genannt. Damals hatten die Aachener längst ihr neues Rathaus am Markt gebaut und das feste Gebäude am Fischmarkt zum Gefängnis umfunktioniert. Die Figuren der sieben Kurfürsten in den Nischen über den gotischen Spitzbogenfenstern des ehemaligen Ratsherrensaals wurden bei der Renovierung der Fassade im vorigen Jahrhundert durch Kopien ersetzt. Die Originale gingen im Zweiten Weltkrieg unter.

Ein stattlicher Bau aus dem Jahre 1888 ist das angrenzende Eckhaus zur Annastraße. Das viergeschossige Backsteingebäude, von dem Architekten Heinrich Dürr entworfen, nimmt mit Ecktürmchen, Erker und Hausteinverzierungen die damalige Mode neugotischer Bauformen auf und bildet würdige Kulisse für einen historischen Platz in der Nähe des Münsters. Schon damals erhielt das steil aufragende Dach eine Terrasse, von dem aus rund 100 Zuschauer während der alle sieben Jahre stattfindenden Aachener Heiligtumsfahrt die Zeigung der Heiligtümer beobachten konnten. Vier Generationen hindurch, bis zum Jahre 1979, betrieb die Familie A. Lahaye, deren Name über dem Eingang steht, hier eine Fischhandlung. Danach wechselte die Branche. Seither wird am Fischmarkt kein Fisch mehr verkauft.

Zu den bemerkenswerten Häusern an diesem alten Platz gehören das nach 1656 gebaute, im Jahre 1954 restaurierte Haus „Zur Mark“ (Abb. Seite 27) am Spitzgäßchen mit Spitzgiebel und Fassade in Blaustein-Fachwerk sowie die aus dem frühen 19. Jahrhundert stammende Häusergruppe 6, 7 und 8 gegenüber dem Fischpüddelchen, einem beliebten Aachener Brunnendenkmal von Hugo Lederer. Vorbei an der ursprünglich gotischen, später barock veränderten Taufkapelle des Doms gibt ein schmiedeeisernes Tor den Blick in den Domhof frei, dessen Häuser aus dem 17. bis 20. Jahrhundert an der Stelle stehen, an der sich einst das Atrium der Pfalzkapelle befunden hat.

Ähnlich denkmalwürdige Häuser gibt es auch am sogenannten kleinen Münsterplatz, während die Breitseite des eigentlichen Münsterplatzes gegenüber dem Dom von dem dreigeschossigen, durch drei breite Giebel gegliederten Bau der Stadtsparkasse (Abb. Seite 29) aus dem Kriegsjahr 1914/15 beherrscht wird. Die Andeutung von Arkaden im Erdgeschoß ist ein Versuch zurückhaltender Repräsentation angesichts des übermächtigen Anspruchs der Pfalzkapelle und der gotischen Chorhalle,

Hoch hinaus wollten die Erbauer des neuen Kreishauses an der Zollernstraße.

High aims had the constructor of the district-building in Zollernstraße.

die sich in den Schaufensterscheiben widerspiegeln. 1986 wurde das links benachbarte, aus dem 18. Jahrhundert stammende Haus „Zur Maus“, ein dreiachsiges Blaustein-Fachwerkhaus mit Backsteinfüllung, von der Stadtsparkasse übernommen, ausgekernt und so restauriert, daß es sich mit seiner historischen Fassade in die reichlich „gemischte“ Umgebung einfügt. Während die Obergeschosse von der Sparkasse genutzt werden, soll im Erdgeschoß die alte Gaststätte wieder florieren.
Wäre es nach der Stadtsparkasse gegangen, die inzwischen vom Münsterplatz aus den „Durchbruch“ zur Kleinmarschierstraße und – über die „Maus“ – zur Hartmannstraße geschafft hat, hätte sich der Herrschaftsbereich des expandierenden städtischen Unternehmens schon vor Jahren bis zur Elisabethstraße erstreckt – freilich auf Kosten eines geradezu klassischen Jugendstilbauwerks (Abb. Seite 31), für das die Aachener und die Denkmalschützer Gott sei Dank auf die Barrikaden gegangen sind.
Zwar versichert Sparkassenvorstandsvorsitzender Otmar Schwind glaubhaft, daß man nicht die Absicht gehabt habe, die bauliche Substanz des Gebäudes anzutasten – im Gegenteil, man hätte sie erhalten und gesichert. Aber die Nutzung des als Volksbad konzipierten Gebäudes hätte sich zwangsläufig geändert. Aus der Schwimm- wäre eine Kassenhalle geworden.

Der Neubau der Landeszentralbank an der Römerstraße setzt einen städtebaulichen Akzent.

The new building of the State Central Bank next to Römerstraße, forms an accent of town planning.

„So nicht!" sagten die Aachener, allen voran der damalige FDP-Landtagsabgeordnete und Ratsherr Reinhard Roericht. In der Badehose stritt er wortgewandt vor der Fernsehkamera für das in seiner Art einmalige Jugendstilgebäude. Er fand Mitstreiter in allen Fraktionen des Rates und vor allem bei der Bürgerschaft, von der ein großer Teil während der Schulzeit in der Elisabethstraße in die Kunst eingewiesen worden war, sich schwimmend über Wasser zu halten.
So schritt der Rat Mitte der siebziger Jahre zur Renovierung des Gebäudes. Es war vor dem Ersten Weltkrieg, zwischen 1908 und 1911, von Stadtbaumeister Laurent errichtet worden. Seine für die enge Straße allzu mächtige, dreistöckige Fassade mit Mansarddach ist durch einen breiten Mittelrisalit und zwei schmalere Seitenrisalite geschickt gegliedert. Ein großes Rundbogenfenster über dem Portal betont, zusammen mit Doppelpilastern, einem halbrunden, reliefierten Schriftbandfries, zwei Bademotiven in Seitenreliefs und zwei Laternen den Eingangsbereich. Der sich vom wilhelminischen Protz bewußt absetzende Jugendstil wird auch im Innenausbau der beiden Hallen und der Nebenräume konsequent weitergeführt. Im Ver-

Das Marschiertor an der Einmündung der Franzstraße in den Boxgraben vermittelt einen Eindruck von der enormen Bauleistung, die die Bürger in ihre mittelalterliche Stadtmauer investierten.
The Marschiertor, Franzstraße/Boxgraben, wakes the idea of the enormous performance, which the inhabitants invested by building the old wall.

Versetzte Geschoßgliederungen und aufgelockerte Fassaden zeichnen das Städtische Verwaltungsgebäude am Marschiertor aus.
The non-uniform structure of the floors and the front of the house, decorate the municipal-administration-building.

P

gleich zu modernen, funktionsbetonten Schwimmbädern, wirkt er mit seinem Ornament- und Figurenschmuck ausgesprochen nostalgisch und verspielt. Aber die Leute mögen es, und die Kunsthistoriker wissen solche Zeugnisse heute zu schätzen als Ausdruck einer Zeit, die an die Schönheit der Natur und an das Gute im Menschen glaubte, bevor die Materialschlachten des Ersten Weltkriegs alle Illusionen von der Möglichkeit einer heilen Welt zerstörten.
Als die Schwimmhalle Elisabethstraße nach zweijährigen Renovierungsarbeiten am 24. Juni 1976 wiedereröffnet wurde, freuten sich die Aachener über das glücklich gerettete schöne Haus, das sie seither wieder fleißig nutzen. Ein ähnlich stilechtes Gegenstück hierfür gibt es nur noch in München. Aber Kenner versichern: Aachen besitzt heute das schönste Hallenbad aus der Jugendstilzeit in der Bundesrepublik!

Ein weiteres klassisches Beispiel des Jugendstils findet sich in der Mefferdatisstraße an der Ecke An-

Aachens noble Adresse seit Kaiser Wilhelms Zeiten und auch nach der Modernisierung ein Haus mit Flair: Das Steigenberger Parkhotel im Kurgarten an der Monheimsallee.

Aachen's noble address since the time of Emperor William, is also after the modernization a house with atmosphere: The Steigenberger Parkhotel in the Kurgarden next to Monheimsallee.

Das Eurogress Aachen, Konzert- und Veranstaltungszentrum mit Anbindung an die Infrastruktur des Steigenberger Parkhotels Quellenhof.

The Eurogress Aachen, concert hall and arrangement-centre has connection with the infrastructure of the Steigenberger Parkhotel Quellenhof.

toniusstraße. Hier baute der Fischhändler Wilhelm Frohn nach Plänen des Architekten Georg Krämer im Jahre 1906 die Germania-Fischhalle (Abb. Seite 30), ein über viele Jahrzehnte hinweg geschätztes Fachgeschäft für Meeresfrüchte, die per Eisenbahnkühlwagen von der nahen belgischen oder niederländischen Nordseeküste kamen. Der üppige, dreistöckige Bau mit seiner 42 Meter langen, zum Teil bunt verkachelten Fassade ist überreich mit Jugendstilmotiven geschmückt, darunter Ranken und Blattwerk, aber auch figürliche Darstellungen. Der nach dem Zweiten Weltkrieg vereinfacht wieder aufgebaute Runderker wird von zwei vollplastischen Fischerfiguren flankiert. Unterhalb des Erkers befinden sich die Porträtmasken des Bauherrn und seines Architekten. Weitere Porträtmasken, geschaffen von dem 1874 in Raeren bei Eupen geborenen Richard Langer, finden sich unterhalb des Dachgesimses. Der üppige Schmuck der Fassade setzte sich früher, durch die Schaufenster deutlich sichtbar, in der Innenausstattung der Fischhandlung fort. Inzwischen ist der Fisch dem Fleisch gewichen, das in dort eingerichteten Peepshows und Etablissements zur Schau gestellt wird. Vom

Jugendstil bleibt nur noch die Fassade...

Das ist das Schicksal schöner Häuser. Oft kommen sie herunter – und vorbei ist aller Glanz! Aber es gibt auch Gegenbeispiele. So etwa den Aufstieg eines öden Zweckbaus zum Bürgerhaus und Kulturzentrum. Die Rede ist von der sogenannten Barockfabrik (Abb. Seite 37), einem einst unscheinbaren, fast versteckten, heute exponierten, freistehenden Gebäude am Löhergraben.

Der mächtige Schornstein des vierstöckigen Backsteinkastens, der mit der Schmalseite seiner 14:3 Achsen quer zur Straße steht, läßt etwas von der Geschäftigkeit ahnen, die einst in dieser 1820 errichteten Tuchfabrik geherrscht haben mag. Es waren sicher nicht nur die soliden Blausteingewände der Fenster und das dekorative Mansarddach, sondern auch die schönen Proportionen des Gebäudes, die Denkmalpflegern und Stadtvätern die Mühe wie den Aufwand wert schienen, es einer neuen Nutzung zuzuführen. So wurde es zwischen 1978 und 1981 unter Leitung des Architekten Winfried Wolks gründlich restauriert und zur Heimstatt

Im Neuen Kurhaus an der Monheimsallee residiert seit der Einrichtung des Internationalen Spielcasinos im Jahre 1976 die Glücksgöttin Fortuna.

In the new kurhouse in Monheimsallee reside, since the establishment of the casino in the year 1976, the goddess Fortune.

Preußischer Prachtbau in neuromanischem Stil: Das Gebäude der Hauptpost am Kapuzinergraben.

Beautiful prussian building in the new-roman-style: the main-postoffice next to Kapuzinergraben.

der bis dahin behelfsmäßig untergebrachten Aachener Puppenbühne gemacht. Ausstellungs- und Atelierräume, eine Tanzwerkstatt sowie eine Kneipe haben der Barockfabrik inzwischen das Flair eines Bürgerhauses gegeben, in dem Kunst und Kultur jenseits musealen Anspruchs als Freizeitangebot für jedermann ihre Aktionsfelder finden. Daß noch zwei Stockwerke des Gebäudes als Magazin für das Stadtarchiv genutzt werden, stört zwar das Konzept der Aktivisten, hindert aber nicht, weitere Pläne für die Zukunft zu schmieden.

Alte Fabriken haben es in sich – so scheint es. Jedenfalls hat das benachbarte Trümmergrundstück der ehemaligen Farbenfabrik Vossen an der Bendelstraße sich im Verein mit weiteren sanierungsbedürftigen Altstadtresten inzwischen in einen Musterkomplex schöner Stadthäuser verwandelt. Rund um den neugeschaffenen Hermann-Heusch-Platz (Abb. Seite 35) zwischen Anna- und Bendelstraße sind zu Beginn der achtziger Jahre Eigentums- und Mietwohnungen entstanden, deren bevorzugte Lage in einer autofreien Zone mit Altstadtpflaster, frischem Grün und

Der klassizistische Elisenbrunnen am Friedrich-Wilhelm-Platz wurde als Symbol der Badestadt Aachen nach dem Zweiten Weltkrieg wieder aufgebaut.

The classical Elisenbrunnen in Friedrich-Wilhelm-Platz, was renewed as the symbol of Bad Aachen, after the second world war.

plätschernden Brunnen die Illusion einer Stadtrandidylle weckt, obwohl man sich in unmittelbarer Nähe des Doms befindet. Die privaten Bauträger verfügten, von guten Architekten unterstützt, nicht nur über das nötige Kapital, sondern auch über Geschmack. Gut gegliederte Backsteinfassaden, dezent mit Blaustein oder Beton aufgelockert und durch Vorgärten vom Fußgängerbereich abgesetzt, verstecken die moderne Technik dieser Bauten, zu der selbstverständlich Zentralheizungen, Aufzüge und Tiefgaragen gehören. Renommierte Aachener Bildhauer sorgten mit Plastiken und Brunnenanlagen für künstlerischen Schmuck.

Bei dieser Gelegenheit sei eine inzwischen mehrfach bewährte Praxis hervorgehoben, mit der die städtische Bauverwaltung unter Leitung von Dr.-Ing. Wilhelm Niehüsener der Stadtbildpflege in den letzten Jahren einen wichtigen Akzent gegeben hat.

Angefangen hatte es 1978 mit der Neugestaltung der Elsaßstraße und des Elsaßplatzes, einem nicht eben besonders hochwertigen Wohnviertel im Osten der Stadt. Während es früher meist üblich gewesen war, einen fertiggestellten Platz nachträglich durch ein dafür zu schaffendes Kunstwerk schmükken zu lassen – oder für ein bereits vorhandenes Kunstwerk einen freien Platz zu suchen –, ging man hier einen anderen Weg: Man beauftragte einen Künstler, den Aachener Bildhauer Professor Benno Werth, von vornherein mit der Aufgabe der Platzgestaltung. Nicht Tiefbauingenieure sollten über die Anlage von Fußgängerbereichen und über die Auswahl des geeigneten Materials entscheiden, sondern ein Fachmann in Sachen Ästhetik, eben ein Künstler.

Das Experiment gelang. Benno Werth vertiefte sich so in die Aufgabe, daß ein Entwurf aus einem Guß entstand, dessen Ausführung der Künstler sozusagen bis zum Setzen des letzten Pflastersteins selbst überwachte. Daß dabei eine Brunnenanlage mit Bronzeguß und Ziegelsteinbecken in den Platz integriert wurde, verstand sich von selbst, und zwar nicht als künstlerische Beigabe, als Applikation, sondern als natürlicher Bestandteil der Gesamtanlage.

Auch das ist wichtig für schöne Häuser: der Ort, an dem sie stehen, der Platz, an dem sie sich präsentieren, der Umraum, in dem sie wirken können. Nach der Neugestaltung des Elsaßplatzes, durch die das Ostviertel im Verein mit der großzügigen Anlage des Kennedyparks auf dem Gelände der ehemaligen Gelben Kaserne deutlich aufgewertet wurde, erhielt Benno Werth noch zwei weitere Aufträge zur Gestaltung neuer Wohnbereiche, einmal in der Scheibenstraße (Abb. Seite 34), einem Teil des im letzten Drittel des vorigen Jahrhunderts entstandenen Rehmviertels, und eben an dem bereits genannten Hermann-Heusch-Platz mitten in der Altstadt.

Eine der gelungensten Sanierungsmaßnahmen im alten Stadtkern, für die Aachen 1978 mit dem ersten Preis des Landeswettbewerbs „Stadtgestalt und Denkmalschutz im Städtebau" ausgezeichnet wurde, vollzog sich seit 1971 rund um den Augustinerplatz (Abb. Seite 36). Die in diesem „Sanierungsgebiet I" angewandten Methoden, wie Umlegen von Grundbesitz, Neubau von Wohnungen und Geschäften, Restaurierung alten Baubestands und Translozierung wertvoller Baudenkmäler von anderen Stadtteilen in das Sanierungsgebiet, sind exemplarisch für das, was man in Aachen nach dem Krieg Wiederaufbau genannt hat. Hier sind nicht nur

schöne Häuser entstanden, sondern hier hat sich auch ein Stück Stadtphilosophie verwirklicht.
Die Kernsätze dieser Philosophie wurden von Leo Hugot, dem allzu früh verstorbenen Stadtkonservator und Dombaumeister, in einer Dokumentation aus Anlaß des Wettbewerbs so formuliert:
„Aachen ist eine historische Stadt. Das wird deutlich, wenn man die Grundrisse der verschiedenen Siedlungsepochen miteinander vergleicht (‚Der Grundriß ist das

Ein Baudenkmal des Jugendstils: Das Wohnhaus Beeckstraße 33.

Art Nouveau monument: The dwelling-house Beeckstraße 33.

erste Dokument der Siedlungsgeschichte'): Römische, fränkische und mittelalterliche Bau- und Straßenanlagen sind im heutigen Innenstadtraum deutlich ablesbar und erlebbar... Die Stadt Aachen hat sich nach dem Krieg immer wieder zu dem Grundsatz bekannt, wertvolle Anlagen, die nicht zerstört wurden, zu schützen und zu erhalten, sie nicht – wie damals in vielen anderen Städten – dem völligen ‚Neubau der Städte' zu opfern... Bestimmende Elemente Aachener Denkmalpflege sind weniger die naturgetreue, minutiöse Wiedererrichtung alter Gebäude an ihrem ursprünglichen Platz, als vielmehr die Beibehaltung des kleinteiligen menschlichen Maßstabes der Gebäude und der alten Fassaden, der lebendige, durch mittelalterliche Straßen und Bauflächen begrenzte Straßen- und Platzraum. Das ist wesentliches Ziel Aachener Stadtgestaltung..."

Die ersten Überlegungen zur Neugestaltung des Sanierungsgebiets I gehen auf das Jahr 1950 zurück. Damals erkannte man in einer durch den Krieg zu 73 Prozent zerstörten Stadt die Chance, die seit der Gründung im vorigen Jahrhundert allzu isoliert ihr Eigenleben führende

Der Neubau der Signalversicherung an der Ecke Theaterstraße-Vereinsstraße führte zu einer Symbiose mit dem erhaltenswerten Nachbarhaus aus dem 19. Jahrhundert.

The new house, built by Signal-insurance at the corner Theaterstraße-Vereinsstraße, forms a symbiosis with the neighbour house of the 19th century, which is deserved to be in good conditions.

Technische Hochschule stärker an die Stadt anzubinden. Dieses Ziel, von den Spitzen der Stadt wie von den Führungsgremien der TH (Abb. Seite 41) gleichermaßen verfolgt, hat sich als richtig erwiesen und ist seither, wenn auch nur mit begrenztem Erfolg, immer wieder neu angepeilt worden. Der Plan, das Ringstraßensystem durch eine Nordost-Südwest-Achse vom TH-Bereich am Templergraben aus über Eilfschornsteinstraße, Kockerellstraße, Schmiedstraße, Kleinmarschierstraße und Franzstraße bis zum Marschiertor und zum Bahnhofsbereich zu ergänzen, erwies sich bald als unrealistisch. Außerdem stellte sich heraus, daß die mächtig expandierende Hochschule ihre neuen Hörsäle und Institute außerhalb des Stadtkerns bauen mußte.

Immerhin wurde der Rheinisch-Westfälischen Technischen Hochschule ein wesentlicher Teil des historischen Stadtkerns zur Neuplanung überlassen, und zwar der Bereich zwischen Templergraben, Pontstraße, Augustinerbach, Annuntiatenbach und Vinzenzstraße, der heutigen Kármánstraße. Hier entstand, gleichsam als Verbindung zwischen dem TH-Hauptgebäude am Templergraben und dem Stadtzentrum, das TH-Forum mit dem Kármán-Auditorium (Abb. Seite 39), eine von Dipl.-Ing. J. P. Volkamer entworfene Anlage, die architektonisch geschickt den Übergang vom mächtigen Preußen-Bau des TH-Hauptgebäudes zum Wohnbereich der Altstadt löst. Glücklicherweise wurde der Templergraben an der Südostseite nicht mehr zugebaut, so daß der üppige, in den Proportionen sehr gelungene Neurenaissance-Bau des TH-Hauptgebäudes mit seinen 23 Achsen in drei Geschossen und dem breiten Treppenaufgang jetzt erst recht zur Geltung kommt. Er ist 1865–1870 von R. Cremer gebaut und 1949/50 nach beträchtlichen Kriegszerstörungen restauriert worden. Das Gebäude zählt, nicht nur seiner Größe und Bedeutung wegen, zu Aachens schönen Häusern aus dem vorigen Jahrhundert.
Für die Technische Hochschule sind seit ihrer Gründung viele Bauten entstanden, von denen einige über ihre Funktion hinaus auch heute noch eine bemerkenswerte ästhetische Qualität repräsentieren. Zu ihnen zählen das Bergbau- und Hütten-Institut (1894–97) und der Bibliotheks-Altbau (1898–1900) in der Wüllnerstraße ebenso wie das Reiffmuseum (1908) mit der Architektur-Abteilung oder das Rogowski-Institut (1927–29) in der Schinkelstraße. Fachleute sprechen auch manchen Institutsbauten im TH-Erweiterungsgebiet Melaten-Nord, nicht zuletzt dem bulligen Heizkraftwerk von Kasper, Prädikate von „gelungen“ bis „außerordentlich“ zu. Ein TH-Neubau aber fällt so aus dem Rahmen und ist mit soviel emotionellen Vorurteilen belastet, daß allein seine Erwähnung in diesem Buch schon Magengrimmen, Brechreiz oder gar Wut wecken könnte. Andererseits gibt es gute Gründe dafür, sich mit diesem „Unikum“ zu befassen, sei es auch nur als abschreckendes Beispiel. Die Rede ist – Sie haben es sicher erraten – vom Großklinikum (Abb. Seite 40) in Melaten.

Natürlich läßt sich dieses gigantische Bau-Monster, dessen guter Ruf als Mekka der Medizin nur sehr mühsam die Erinnerung an die skandalumwitterte Prozedur seiner Entstehung und die Maßlosigkeit der Kosten tilgen kann, im Zusammenhang dieser Darstellung nicht ausführlich würdigen. Aber da der „Koloß von Aachen“ nun einmal steht und wir bis weit ins nächste Jahrtausend hinein mit

ihm leben müssen, sei hier wenigstens ein persönliches Bekenntnis abgelegt, das keinen Anspruch auf Allgemeingültigkeit erhebt.
Ich habe mir diesen von der Aachener Architektengruppe Weber, Brand & Partner geplanten Bau schon während seines Entstehens, später auch in seinen unterschiedlichen Funktionen als Krankenhaus sowie als Stätte der Forschung und Lehre angesehen. Ich kann mir nicht helfen: Er ist eine faszinierende Maschine! Alles daran ist gewaltig: die Masse des 240 Meter langen und 130 Meter breiten Gebäudes mit seinen 24 je 50 Meter hohen Versorgungstürmen, die endlosen Fensterfluchten, die Zahl der in sechs oberirdischen und zwei unterirdischen Stockwerken untergebrachten 6500 Räume, die kühn nach außen gestülpte Technik mit ihren verwirrenden, farblich akzentuierten Röhren-Systemen und einfach der Mut, solch ein Monstrum, das eher einer Raffinerie oder einem Kraftwerk gleicht, für Menschen zu bauen, die hier der Wissenschaft dienen oder Hilfe und Heilung finden wollen. Wer die Idylle sucht oder die naturverbundene Sanatoriumsatmosphäre, der wird erst einmal geschockt durch die Realität einer Funktionswelt, die nichts „schönt" oder ver-

Aachens Stolz: Der Musentempel von Johann Peter Cremer und Karl Friedrich Schinkel auf dem Theaterplatz.

Aachen's pride: The Musentempel built by Johann Peter Cremer and Karl Friedrich Schinkel in Theaterplatz.

TAXI

Um die Jahrhundertwende als vornehmes Bürgerdomizil erbaut, dient das Haus Theaterstraße 9 heute als Sitz der Vereinigten Versicherungsgruppe.

Around the beginning of the century as an aristocratic citizen domicile built, serves the house Theaterstraße 9 today as a residence of the united-insurance-company.

birgt. Aber ich kann es nicht leugnen: dieser Bau weckt meine Schaulust. Er fasziniert mich, zumindest als gesunder Mensch! Und seit ich die Patientenzimmer gesehen und die Operateure bei der Arbeit beobachtet habe, bleibt auch nicht ein Rest von Scheu, mich dieser „Gesundheits-Maschine" anzuvertrauen, wenn ich einmal krank sein sollte. Denn auch diese geballte Großtechnik schrumpft zu menschlichen Dimensionen, wenn es um den Einzelfall geht. Auch hier treffen Menschen die Entscheidungen, sind Ärzte, Schwestern und Helfer Partner der Patienten. Nur wird das für den normalen Betrachter einfach nicht sichtbar.

So bleibt das Bauwerk beladen mit dem Vorwurf, die in Beton gegossene Gigantomanie eines Zeitalters zu repräsentieren, dem alles Vorstellbare machbar und alles Machbare wünschenswert erschien. Heute weiß man, daß die Idee der Netzplanung und der Synchronbauweise nur auf dem Reißbrett funktionierte, daß die theoretisch überzeugende Zentralisie-

Diese Häuser an der Oppenhoffallee entstanden am Ende des 19. Jahrhunderts als Teil des neuen Frankenberger Viertels.

These houses in the Oppenhoffallee were built at the end of the 19th century as part of the new Frankenberger Viertel.

rung unterschiedlicher medizinischer Bereiche zwecks interdisziplinärer Forschung und Rationalisierung in der Praxis mit zahllosen Nachteilen, vor allem mit einer ungeahnten Kostenexplosion, verbunden war. Dennoch, so scheint mir, hat das Klinikum es nicht verdient, pauschal als „Fehlplanung des Jahrhunderts" diskriminiert zu werden. Zwar hat es in einem Schönheitswettbewerb nicht die geringste Chance. Aber es bleibt das Faszinosum einer atemberaubend rationalen Architektur, die künftigen Generationen Zeugnis geben wird über die Zeit ihrer Entstehung und deren geistige Haltung: Ein Baudenkmal – ein Denkanstoß!

Zurück zum Hauptgebäude der Technischen Hochschule am Templergraben. Von hier bis zum Augustinerplatz, dem neuen Altstadtzentrum im Sanierungsgebiet I, geht man nur wenige Minuten. Der Stolz der Stadt, dieses neue Viertel ausgerechnet im Denkmaljahr 1975 als „Juwel des wiedererstandenen Aachens" fertiggestellt zu haben, ist verständlich. Daß es mehr ist, als nur ein schönes, in sich geschlossenes Viertel, sondern daß es beinah nahtlos den Übergang schafft von der historischen Altstadt zu den von alten und neuen Bauten der TH beherrschten Stadtteilen, ist seine besondere Qualität.
Nach einer Reihe erster Überlegungen, denen damals beinahe das wunderschöne Haus „Ejjene Keiser Karl" (Abb. Seite 42), vermutlich ein Werk des Aachener Architekten Adam Franz Leydel aus dem Jahre 1830, an der Ecke Jakobstraße/Kockerellstraße zum Opfer gefallen wäre, faßte der Rat der Stadt am 25. Januar 1962 den Beschluß, den Bereich zum Sanierungsgebiet zu erklären. Danach wurden umfangreiche Untersuchungen und Erhebungen angestellt, insbesondere über den Bestand an denkmalwerten Bauten. Es kam zur Neuplanung und zu vielen Einzelverhandlungen mit Grundstückseigentümern und Bauherren. Nahezu um jedes einzelne Haus wurde gerungen. Die Mühe hat sich gelohnt.

Das Direktionsgebäude der Aachener und Münchener Versicherung AG zwischen Aureliusstraße, Theaterstraße und Borngasse.

The management house of Aachen's and Munich's insurance AG between Aureliusstraße, Theaterstraße and Borngasse.

Der klar strukturierte Neubau der Deutschen Bank am Elisenbrunnen behauptet sich gut in historischer Nachbarschaft.

The practical structured, new building of the Deutsche Bank next to Elisenbrunnen, holds own ground in the historical neighbourhood.

Aachener und Münchener
Versicherungen

Eines der wichtigsten Ergebnisse der Planung war die Verlegung der alten Judengasse in Richtung auf die Trichtergasse. Damit weitete man den bisher allzu engen Baublock zwischen Kockerellstraße und Judengasse, der den aneinanderstoßenden Rückfronten der Häuser keine Luft zum Atmen gelassen hatte, aus. Erst hierdurch ergab sich auch die Möglichkeit zur Anlage des vorher nicht vorhanden gewesenen Augustinerplatzes (Abb. Seite 36), der mit seiner Wassertreppe und der von Architekturstudenten der TH unter Prof. Elmar Hillebrand geschaffenen Stele mit exotischen Motiven eine Oase der Ruhe ohne Autoabgase und Verkehrslärm darstellt.

Die Kopfseite des Platzes, der überwiegend von mehrgeschossigen Wohnbauten mit aufgelockerten Klinkerfassaden und Geschäftsräumen im Erdgeschoß eingerahmt wird, ist deutlich akzentuiert durch ein Gebäude, dessen modernes Innenleben ganz verschwindet hinter einer eindrucksvollen klassizistischen Fassade (Abb. Seite 33). Sie gehörte zu einem Bürgerhaus am Templergraben 79, das dem Neubau der TH-Bibliothek weichen mußte. Leo Hugot rettete die Fassade, die nach 1830 entstanden sein dürfte und dem Architekten Cluysenaar aus Brüssel zugeschrieben

Glas als Baustoff und Gestaltungselement beherrscht das Verwaltungsgebäude der Vereinigten Glaswerke inmitten des Frankenberger Viertels an Bismarckstraße und Viktoriaallee.

Glass, used as construction material and element of the creation, dominates the administration building of the united glass factory (Vegla), in the middle of Frankenberger Viertel, next to Bismarckstraße and Viktoriaallee.

wird, um sie an dieser exponierten Stelle zur „Verkleidung" eines Neubaus zu verwenden. Die Lösung war nicht billig, wie der Bauherr versichert, aber das Ergebnis versöhnt mit dem Aufwand: Das Haus repräsentiert ein Stück alter Wohnkultur und gibt dem neuen Augustinerplatz im Herzen der Stadt ein Gesicht.

Im Zuge der gesamten Baumaßnahmen wurden die wenigen noch erhaltenswerten alten Häuser in ihrem Bestand gesichert, das meiste mußte jedoch neugebaut werden. In vielen Fällen konnten die Neubauten mit Hilfe alter, translozierter Fassaden dem Altstadtcharakter der Nachbarbebauung angepaßt werden. So wurden Häuser in der Jakobstraße mit Fassaden aus der Schildstraße, der Promenadenstraße und der Großkölnstraße versehen. In der Kockerellstraße ging man ähnlich vor. Hier fanden u. a. Fassaden aus der Pontstraße, der Peterstraße und der Rosstraße Verwendung. Daß diese Methode, so ansehnlich das Ergebnis ist, unter Denkmalpflegern nicht unumstritten ist, wurde schon an anderer Stelle gesagt. Doch scheint das „Aachener Modell" Besucher aus anderen alten Städten am ehesten zu überzeugen. Sie beneiden Aachen um die Sorgfalt, mit der man hier sozusagen jeden alten Stein konserviert und, wo es möglich war, einer neuen Nutzung zugeführt hat.

So ist es nicht nur ein rührendes Zeugnis der Anhänglichkeit und ein Bekenntnis zur Tradition, sondern auch Ausdruck des Stolzes auf eine große Vergangenheit, wenn am unteren Ende der Kockerellstraße die Reste eines der schönsten Häuser, die je in Aachen gebaut wurden, zum Museumsstück avanciert sind.

Es handelt sich um Teile von der Fassade des Wespienhauses, das Johann Joseph Couven im Jahre 1737 an der Kleinmarschierstraße 45 für den Tuchhändler und späteren Bürgermeister Johann von Wespien gebaut hat. Dieses Haus hatte nach Dr. Ernst-Günther Grimme, Direktor des Suermondt-Ludwig-Museums und des Couven-Museums, „in den Rheinlanden nichts Vergleichbares. Es durfte als Ausprägung bürgerlich gefärbter Régencekunst und als Höhepunkt künstlerischer Profanarchitekur des 18. Jahrhunderts in Aachen gelten."

Johann Joseph Couven, 1701 in Aachen geboren, barocker Umgestalter des Rathauses, Schöpfer der Burtscheider Abteikirche St. Johann und der Burtscheider Pfarrkirche St. Michael, Erbauer der Acht und des Komödienhauses am Katschhof, Architekt zahlreicher Garten- und Bürgerhäuser, nicht zuletzt des Kerstenschen Pavillons am Lousberg, und schließlich im Auftrag des Kurfürsten Karl Theodor Planer des Schlosses Jägerhof in Düsseldorf, war ein Künstler, der mehr als schöne Fassaden lieferte. Er war ein Mann der Ganzheit, für den das Innere und die Ausstattung eines Hauses ebenso wichtig waren wie der Bau und die Funktion.
Schönstes und wohl gelungenstes Beispiel hierfür war das Wespienhaus, nach Grimme „das erste Aachener Wohnhaus, in dem Außenbau und Innenraum völlig aufeinander bezogen waren."

Zwei Räume mit Teilen dieser kostbaren Innenausstattung, die 1901 versteigert wurde, sind heute noch im Germanischen Nationalmuseum in Nürnberg sowie im Kunstmuseum von San Francisco zu sehen. Im Zweiten Weltkrieg ging auch der Bau an der Kleinmarschierstraße unter.

Geblieben sind Reste der Fassade, die Leo Hugot aus der Verborgenheit eines Baulagers herausholte und 1975 vor die Giebelwand eines Neubaus des Kaiser-Karls-Gymnasiums setzte. Der Mittelteil der fünfachsigen Fassade mit jeweils drei Fenstern des Mittel- und Oberge-

Klassizistischer Prachtbau eines Tuchfabrikanten an der Theaterstraße aus der ersten Hälfte des vorigen Jahrhunderts.

Classical house of a cloth-fabricant in Theaterstraße, built in the first part of the last century.

Gut restauriert wurde das Wohn-Geschäfts-Haus an der Ecke Holzgraben-Ursulinerstraße.

Well renewed, today dwelling-house and shopping centre at the corner Holzgraben-Ursulinerstraße.

LAURA ASHLEY
DAS FACHGESCHÄFT FÜR DIE

Kirche und Gemeindezentrum: Das Martin-Luther-Haus an der Martin-Luther-Straße.

The Martin-Luther house in Martin-Luther-Straße.

schosses samt der Kartusche mit der Jahreszahl 1737 gibt innerhalb der angedeuteten Konturierung der Umrisse des ehemaligen Hauses Wespien freilich nur einen schwachen Abglanz seiner einstigen Schönheit.

Tempi passati! Die Frage drängt sich auf: Ist alles, was in Aachens Architektur Schönheit repräsentiert, alt? Wo bleiben die modernen Bauten? Gemach! Wir kommen noch zur Gegenwart. Schon Rom wurde nicht an einem Tag erbaut, und auch in Aachen sind die letzten 20 Jahre nur ein Bruchteil der rund 2000jährigen Geschichte. In einer Stadt, in der Vergangenheit so sorgfältig erforscht, rekonstruiert und gehütet wird wie in Kaiser Karls Lieblingspfalz, ist der Anteil an geschichtsträchtigen Bauten, zumal im Altstadtbereich, eben überproportioniert.

Verweilen wir noch kurz an der Jakobstraße, einem der ältesten Verbindungswege aus römischer Zeit. Aus der Fülle denkmalgeschützter Bauten verdient das Gebäude mit der Hausnummer 35 (Abb. Seite 43) hervorgehoben zu werden. Es ist der nach dem großen Stadtbrand von 1656 entstandene „Wylresche Hof", die einzige noch erhaltene Anlage dieser Art in Aachen. Bauherr und Namensgeber war der Schöffe Johann Bertram von Wylre. Ihm folgten im Laufe der Jahrhunderte als Besitzer des nach französischem Vorbild mit einem „Cour d'honneur", einem „Ehrenhof", ausgestatteten, repräsentativen Stadthauses in buntem Wechsel angesehene Aachener Patrizierfamilien, darunter Juristen, Tuch- und Nadelfabrikanten. Heute ist es Eigentum der Familie des inzwischen verstorbenen, langjährigen Oberbürgermeisters Hermann Heusch, in dessen Amtszeit wesentliche Phasen des Wiederaufbaus und der Stadtplanung nach dem Zweiten Weltkrieg fallen.

Die dreiflügelige, zweigeschossige Anlage, deren Innenhof zur Straßenseite hin durch eine Mauer mit mächtigem Blausteinportal abgeriegelt ist, ist im Laufe der Jahrhunderte mehrfach „modernisiert" worden. Die Straßenfenster der Seitenflügel schreibt man dem Architekten Laurenz Mefferdatis (1677–1748) zu, während die Fassaden des Innenhofes und das schmiedeeiserne Balkongitter über dem Eingang zum Hauptbau die Handschrift des großen Meisters des „Aachener Rokoko", Johann Joseph Couven, verraten. Ein klassizistischer Wandelgang führte an dem zur Rückfront hin gelegenen Garten entlang zu einer dort von den früheren Eigentümern betriebenen, im letzten Krieg zerstörten Fabrik.

Ein Zeitungshaus mit Charakter: Das erste Verlagsgebäude der Aachener Volkszeitung an der Theaterstraße.

A newspaperhouse with character: The first publishing house of the newspaper Aachener Volkszeitung in Theaterstraße.

Der Kuriosität halber sei erwähnt, daß einer der ehemaligen Eigentümer des Wylreschen Hofes, der Tuchfabrikant Kelleter, 1808 in dem Gebäude von dem Malerdichter Ferdinand Jansen ein cabinet secret als „Prunkklo“ mit Landschafts- und Bibliotheksmotiven ausmalen ließ. Jene Familie Kelleter war so angesehen, daß in der Franzosenzeit Napoleon I. in ihrem Haus verkehrte. Einmal eröffnete der Kaiser anläßlich eines Festes mit der damals erst siebzehnjährigen Dame des Hauses, Wilhelmine, geborene Bettendorf, die Polonaise. Ein Schmuckstück, das Napoleon damals als Geschenk überreichte, befand sich nach Auskunft der Lokalhistorikerin Rosemarie Herrmann noch 1974 im Besitz einer alten Aachener Familie.

Und nun ein kurzer Sprung in die Moderne. Oder sagen wir lieber gleich Postmoderne? Die Frage der Unterscheidung oder Definition ist für unsere Darstellung nicht ausschlaggebend. Wir halten es mit Heinrich Klotz („Moderne und Postmoderne – Architektur der Gegenwart 1960–1980“, Prestel/München), der unter postmodern das Bauen versteht, „das den Auflagen der Moderne nicht mehr ausschließlich folgt“. Oder noch deutlicher: „Sofern die Architektur auch anderen Gesetzen gehorcht als der Funktionserfüllung und der größtmöglichen Vereinfachung der Grundformen, sofern sie von der Abstraktion fort zu einer Vergegenständlichung hin tendiert, spreche ich von einer postmodernen Architektur.“

Mit anderen Worten: Die Architektur von heute ist keinem einheitlichen Stil-Konsens mehr unterworfen. Sie kann sich frei entfalten. War bisher schon notgedrungen – fast – alles erlaubt, was schlecht ist, so ist heute wieder alles möglich, was gut ist.

In diesem Sinne hat Achille Bonito Oliva den Wechsel von Stil zu Stil und den Weg von Werk zu Werk als Kennzeichen der „Trans-Avantgarde“ in der zeitgenössischen Architekur bezeichnet. Und Charles Moore fordert: „Ein Gebäude soll so deskriptiv wie möglich sein und erzählen, was an ihm interessant ist – entweder wie es gebaut ist, oder wie die Leute es benutzen; die Botschaft ist vielleicht laut, vielleicht still, versteckt oder nur scheinbar versteckt; aber man erfährt immer, was los ist.“

Was los ist, erzählt ein 1985 auf historischem Grund fertiggestellter Bau, mit dem in der Jakobstraße 13 (Abb. Seite 47) eine der letzten Nachkriegsbaulücken geschlossen wurde. Der Aachener Architekt Dieter Neikes sah, angesichts der Enge der Verkehrspassage und eines aufzufangenden Fluchtlinienvorsprungs von 1,50 m, „als oberste Prämisse den Entwurf eines Fassadenbildes mit einem gewissen Maß an Transparenz und einer Staffelung im horizontalen wie im vertikalen Verlauf.“ Diesem Ziel dienen geschoßhohe Glaswände in Verbindung mit Sichtbeton und flächigem Putz. Zur Straßenseite hin schwingt die Glasfassade in einer Kurve elegant in die versetzte Fluchtlinie hinein und vermeidet damit einen harten Kantenvorsprung. Das einseitig abgewalmte Satteldach verbindet die Sattel- und Flachdachbauten der beiden Nachbarn miteinander. Verkaufsräume in den beiden unteren Ebenen mit Möbelklassikern und modernstem Wohn-Design unterstreichen den Anspruch der Architektur, dem Altstadt-Ambiente der Straße einen betont zeitgenössischen Touch zu geben. Das Obergeschoß-Penthouse bietet als Maisonette-Einheit eine Stadtwohnung modernsten Zuschnitts gleichsam im Schatten der Dom- und Rathaustürme mit Blick zum Lousberg oder zu den Ausläufern der Eifel.

Abb. Seite 88: Kunst aus dreitausend Jahren birgt das Suermondt-Ludwig-Museum an der Wilhelmstraße, einst der nach italienischem Vorbild gebaute Stadtpalast eines wohlhabenden Bürgers.

Page 88: Three thousand years of art contains the Suermondt-Ludwig museum in Wilhelmstraße, once the palace of a rich citizen, built in Italian style.

Abb. Seite 89: Modernes Wohn-Geschäfts-Haus an der Ecke Wilhelmstraße-Augustastraße.

Page 89: Modern dwelling-house and shopping centre at the corner Wilhelmstraße-Augustastraße.

Das ehemalige Polizeipräsidium an der Kasernenstraße aus dem Jahre 1910 verbindet staatliches Autoritätsbedürfnis mit ästhetischem Anspruch.

The Ex-police office in Kasernenstraße, built in the year 1910, connects the state-necessity to have authority with tasteful high demands.

Eine ganz andere, architektonisch nicht minder interessante Lösung haben die beiden Aachener Architekten Hans Kahlen und Georg Schöbben einige Schritte weiter bei der Schließung einer Baulücke in der Klostergasse gefunden. Hier war auf einer Straßenfront von nur 5,70 m der Übergang von dem aus dem 18. Jahrhundert stammenden viergeschossigen Eckhaus Jakobstraße/Klostergasse und einem ebenfalls viergeschossigen Bau aus den 60er Jahren zu schaffen. Auf der einen Seite eine verputzte Fassade mit Blausteingewänden, auf der anderen eine dunkelrot verklinkerte Fassade mit simplen Fensteröffnungen; auf der einen Seite ein mit Tonziegeln gedecktes Mansarddach, auf der anderen ein graugedecktes Satteldach mit 1,20 m höherer Traufe (Abb. Seite 46). Was tun? Die Architekten fanden eine sehr originelle Lösung. Sie bildeten das Dach als zinkgedeckte Vierteltonne mit vorgesetztem Rundbogengiebel aus. Das erlaubte, trotz der schmalen Fassade, eine sehr reizvolle Gliederung der Fensteröffnungen, die wiederum durch Pfosten und Querhölzer unterteilt sind. Im Erdgeschoß wird auf die Fenstersohlbank verzichtet. Drei schlanke Öffnungen, durch weiße Rahmen, Setzhölzer und Kämpfer akzentuiert, ziehen sich bis über das erste Geschoß hinweg hoch, wobei die mittlere unten als Eingang dient. Quer- und Längsgliederungen der verklinkerten Fassade kontrastieren mit den Rundungen des Giebels und der Dachtonne. Solch ein Gebäude, so schlank es sich auch zwischen seinen beleibteren Nachbarn machen muß, fällt auf. Es hat, was schöne Häuser auszeichnet: Charakter.

MUSEUM SUERMONDT

Apotheke

In der oberen Jakobstraße verdient die 1877–1881 von dem Kölner Architekten Heinrich Wiethase gebaute Pfarrkirche St. Jakob (Abb. Seite 51) Beachtung. Die dreischiffige Basilika mit hohem Westturm gehört zu den schönsten Zeugnissen neuromanischer Kirchenbaukunst. Von ihren Proportionen und ihrer eindrucksvollen Größe gewinnt man heute das beste Bild, wenn man sie durch eine Baulücke aus Richtung Stromgasse betrachtet. Es waren erhebliche Anstrengungen nötig, um die Substanz des im letzten Krieg schwer zerstörten Bauwerks zu retten.

An der Schanz mündet die enge Jakobstraße in die Lütticher Straße, die breite Ausfallstraße nach Belgien. Das Wald- und Wiesengelände beiderseits der Straße zählt zu den bevorzugtesten Wohnvier-

Justitias Heimstatt am Adalbertsteinweg: Das Ende der zwanziger Jahre entstandene Gebäude des Landgerichts.

Built at the end of the twenties: The District Court in Adalbertsteinweg.

In neugotischem Stil wurde 1887–88 das Amtsgericht an der Kongreßstraße gebaut.

In the new-gothic style we find the Inferior Court in Kongreßstraße.

teln Aachens mit gepflegten Miethäusern, repräsentativen Villen und exquisiten Wohnhäusern. Zu den originellsten und schönsten Häusern der Lütticher Straße gehört der um 1905 errichtete Jugendstilbau des ehemaligen Waldschulheims Breuer mit der Hausnummer 139 (Abb. Seite 53), dessen zwei Obergeschosse zwischen hohen, parabelförmig geschwungenen Dachgiebeln liegen.

Die Stromgasse führt zum Roskapellchen (Abb. Seite 50) an der Rosstraße, einem Altstadtviertel, in dem man – ähnlich wie am Augustinerplatz sowie zwischen Anna- und Bendelstraße – versucht hat, historisch Gewachsenes dezent und unaufdringlich mit Neuem zu beleben. So sind im Sanierungsgebiet II im Laufe von rund 20 Jahren Neubauten mit öffentlich geförderten Miet- und Altenwohnungen entstanden. Historische Fassaden wurden, wo immer es ging, gerettet, und renoviert. Zuletzt kam das barocke Roskapellchen, ein sechseckiger, verputzter Bau mit Blausteingewänden, Eckpilastern und Dachlaterne, an die Reihe. Die drei alten, an das Kapellchen angrenzenden Häuser waren so baufällig, daß sie nicht restauriert werden konnten. An ihre Stelle traten drei neue Häuser mit Backsteinfassade und teilweise auch mit Blausteingewänden, die harmonisch den Umriß der alten Bebauung aufnehmen, ohne sie kopieren zu wollen. Eine gute Lösung. Ähnlich gelungene Mischungen zwischen alt und neu fand man auch in der Stromgasse, der angrenzenden Paugasse und in der Rosstraße selbst. Das ganze Viertel, früher nicht allzu hoch im Kurs, hat damit deutlich an Ansehen und

Wohnwert gewonnen. Gleichzeitig wird hier deutlich, daß „schöne Häuser" nicht unbedingt Repräsentationsbauten sein müssen, sondern schlichte Wohnhäuser sein können.

Einen Steinwurf weit von hier, jenseits der Jakobstraße, ist ein weiterer Teil des Jakobsviertels in einer Metamorphose begriffen. Früher konnte man das Charakteristische des Baublocks zwischen Jakob-, Delius-, Mauer- und Lochnerstraße sowie Karlsgraben schon mit geschlossenen Augen wahrnehmen, nämlich riechen. Es war der unverkennbare Kakaobohnenduft, mit der die Produktionsanlagen der Monheim-Firmengruppe der Umwelt signalisierten, daß sie für ein süßeres Leben arbeiteten. Den Anwohnern verdarb das gelegentlich den Appetit auf die hier hergestellten hochfeinen Schokoladeerzeugnisse. Ihre Vorfahren hatten unter der Tuchmacherei der seligen Fabrikanten Lochner und Delius einst weniger zu leiden gehabt.

Die sagenumwobene Burg Frankenberg birgt heute das stadtgeschichtliche Museum.

The legendary castle Frankenberg is today the municipal history museum.

Neue Fassade im alten Rehmviertel: Das Haus Ottostraße 26 aus dem Jahre 1980.

New front in the Rehmviertel: The house Ottostraße 26 was built in the year 1980.

Nun ist das alles Vergangenheit. Die einst blühende Tuchindustrie Aachens wurde nach dem Zweiten Weltkrieg ein Opfer neuer wirtschaftlicher Verhältnisse. Sie starb aus. Die Süßwarenindustrie hingegen, allen voran die Monheim-Gruppe, expandierte so kräftig, daß die schon gegen Kriegsende umfunktionierte und weiter ausgebaute Delius-Fabrik schließlich aus allen Nähten platzte. Der Zeitpunkt für eine Verlagerung an den Stadtrand war gekommen. Firmenleitung und Stadt verfolgten zwar unterschiedliche Ziele, fanden sich aber in einer gemeinsamen Strategie, von der jeder profitierte. So kam die Monheimgruppe nicht nur zu neuen, moderneren Produktionsanlagen an der Süsterfeldstraße in der Nähe des Westbahnhofs, wo man im Kriege ausgebombt worden war, sondern auch zu einem hochmodernen, ebenso schönen wie funktionellen Verwaltungsgebäude „auf der grünen Wiese". Die Stadt aber gewann neben der alten Deliusfabrik ein Areal von rund 15 000 Quadratmetern, das seither einer neuen Nutzung zugeführt wird: Über 400 neue Wohnungen in aufgelockerter Bauweise werden das bislang industriell geprägte Umfeld von Grund auf verändern. Sicher ist es sinnvoll und der vielgerühmten „sprudelnden Vielfalt" der Stadt dienlich, wenn sie bei solchen Großprojekten nicht selbst als Bauträger auftritt, sondern der Privatwirtschaft den Vortritt läßt. So geschah es auch hier. Ein Konsortium von über 20 Firmen, darunter Architekten und Bauunternehmer, hat das Areal übernommen. Die ersten Ergebnisse sind vielversprechend.

Typisch für das Frankenberger Viertel ist das kurz vor der Jahrhundertwende entstandene Eckhaus Viktoriaallee-Bismarckstraße.

Typical of the Frankenberger Viertel, the house at the corner Viktoriaallee, Bismarckstraße, built at the end of the last century.

Man mag darüber streiten, ob die ehemalige Tuchfabrik Delius, (Abb. Seite 45), die seit 1905 mit ihrer mächtigen Backsteinfassade in 17 Doppelachsen das Bild der Deliusstraße prägt, ein „schönes" Gebäude ist. Aber die Denkmalschützer werden sich freuen, daß die Neuplaner den Bau nicht einfach abgerissen haben – womit man ursprünglich rechnete – sondern daß sie ihn wenigstens äußerlich in wesentlichen Teilen in ihr Konzept miteinbezogen und damit ein beispielhaftes Stück Fabrikarchitektur aus der Zeit kurz nach der Jahrhundertwende erhalten haben. Die zum Teil in Loggien verwandelten Fensteröffnungen und die neuen Eingangsbereiche mit Öffnungen zur Rückfront lockern die bislang etwas monotone Fassade auf, ohne ihren Charakter grundlegend zu verändern. Die Architekten Joachim Schwarze und Fehrmann haben hier sehr viel Sinn für historisch Gewachsenes bewiesen.

Das tut einer Straße gut, in der sich noch einige sehr ansehnliche Wohnhäuser aus der Gründerzeit der Fabrik behaupten, darunter das sehr gepflegte Haus Nr. 4, ein üppiger, viergeschossiger Bau in sieben Achsen mit zweigeschossigem Erker in der Mittelachse, sowie gegenüber das Haus Nr. 5, dessen Schmuckformen nach der Jahrhundertwende sehr modern gewirkt haben dürften, aber auch heute noch – oder wieder – gefallen.

Beachtenswert als eine saubere architektonische Lösung in einer gemischt bebauten Umgebung ist auch der von den Architekten Helmer-Meyer-Seiler, Aachen, entworfene Eckhauskomplex Deliusstraße/Mauerstraße (Abb. Seite 55), der seit etwa Mitte der achtziger Jahre den baulichen Dialog mit der Deliusfabrik aufnimmt, ein Beweis dafür, daß Altes und Neues sich nicht beißen müssen.

Bevor wir das Jakobsviertel endgültig verlassen, sei auf die Mauerstraße als eine der klassischen „Gründerzeit-Straßen" hingewiesen. Sie wurde, nach dem Bau der Technischen Hochschule, in den Jahren 1873–76 innerhalb des äußeren Mauerrings als Verbindung vom Templergraben zur Vaalser Straße angelegt. Einige gut erhaltene Häusergruppen – etwa die Häuser 9-19, 16-22 und 42-48 – zeigen in üppiger Vielfalt Stile und Schmuckformen der Jahrhundertwende mit neuromanischen, neugotischen, klassizistischen oder Neurenaissance-Schmuckformen.
Ähnliche Beispiele gibt es in bemerkenswerter Fülle auch in den benachbarten Straßen, etwa der Lochnerstraße, dem Karlsgraben, der Johanniterstraße und der Königstraße. An der Königstraße, an der sich im Mittelalter das Königstor befand, verdient auch das von A. F. F. Leydel 1836 in klassizistischem Stil gebaute Torhaus Beachtung, an dessen Rückseite noch ein Teil der alten gotischen Stadtmauer erkennbar ist.

Von der Deliusstraße nach Süsterfeld im Westen der Stadt, von der Vergangenheit in die Gegenwart – das ist ein kurzer Abstecher, den wir uns jetzt um des größeren Zusammenhangs willen leisten, aber auch, um ein Haus vorzustellen, das die Schokoladenseite der Stadt repräsentiert, den schon erwähnten Verwaltungsneubau der Monheim AG. Er wurde zu Beginn der achtziger Jahre im Zuge der Rückführung der gesamten Betriebsanlagen nach Süsterfeld an der Ecke Süsterfeld- und Borchersstraße errichtet. Ende 1982 wurde er seiner Bestimmung übergeben.
50 000 Kubikmeter umbauten Raumes, 6500 Quadratmeter Nutzfläche, 295 Räume für rund 500 Mitarbeiter, dazu Computerzentrale, Wirtschaftsräume und Kantine, ganz zu schweigen von Garagen und Parkplätzen – da mag man schnell an einen massiven Verwaltungsklotz denken. Aber draußen vor der Stadt auf der grünen Wiese kann man eben doch anders bauen als in den Ballungsräumen der City. So nutzte Achitekt Rudolf Sandhoff die Chance, das Gebäude auf dem ausreichend großen Areal sternförmig zu gliedern und die Baumasse in drei bis vier Geschossen auf einen Zentralbau mit vier Flügeln zu verteilen. Das fügt sich gut in das leicht abfallende Gelände und in die Nachbarschaft ein. Auch nach dem inzwischen erfolgten Teilverkauf und der Neuordnung der Eigentumsverhältnisse am Rest der Monheim AG soll der Bau weiterhin der Verwaltung des „süßen Lebens" dienen.

Von der Schokolade zur Kunst, vom Stadtrand zurück ins Zentrum, vom modernen Verwaltungsbau zum historischen Alten Kurhaus (Abb. Seite 57) und damit zur Neuen Galerie – Sammlung Ludwig, das ist in Aachen nur ein Sprung. Wir wagen ihn kühn und landen auf einem Tummelplatz der Gegensätze, wie man ihn sich anregender und fruchtbarer kaum vorstellen kann: Die Putten des Aachener Rokoko im Wettstreit mit den Neuen Wilden, der Glanz eines festlichen Ballsaals über Schrottplastiken oder provokativen Happenings, der in Stein und Stuck gefaßte Geist des großen Baumeisters Jakob Couven als stummer Zeuge zeitgenössischer Ratlosigkeit in Jeans und Turnschuhen. Welch ein Kontrast!
Das sogenannte Alte Kurhaus an der Komphausbadstraße wurde 1782 von Jakob Couven, dem Sohn Johann Joseph Couvens, entworfen und 1785 fertiggestellt. Ursprünglich sollte das Gebäude

Vor dem drohenden Abbruch bewahrt: Häusergruppe mit Jugendstilelementen an der Ecke Bismarckstraße-Goerdelerstraße.

Saved to be pulled down: a groupe of houses with elements of The Art Nouveau, at the corner Bismarckstraße-Goerdelerstraße.

nach dem Willen seines Bauherrn Johann Jakob Scheins mit einem „Bildersaal" Schauplatz repräsentativer Ausstellungen sein. Aber 1784 schloß die Stadt mit Richard Reumont einen Vertrag ab, nach dem dieser die „Neue Redoute" übernehmen und dort eine Spielbank einrichten sollte. So geschah es. Reumont machte die „Neue Redoute" in der Nähe der vornehmen Bäder Aachens zu einem Mittelpunkt gesellschaftlichen Lebens. Im Rokoko-Ballsaal feierte die feudale Welt ihre Feste. Napoleon und Josephine sollen dort getanzt, der preußische Feldmarschall Blücher später am Spieltisch sein Glück versucht haben.

1842 erwarb die Stadt das Gebäude als „Kurhaus", als das es auch weiterhin diente, nachdem 1854 die Spielbank geschlossen werden mußte. Der 1864 auf der Gartenseite angebaute große Konzertsaal, weithin gerühmt wegen seiner hervorragenden Akustik, wurde fortan Zentrum des städtischen Musiklebens und Schauplatz großer Konzerte. Der junge Herbert von Karajan dirigierte noch hier, nachdem die Aachener ihn 1935 zu ihrem Generalmusikdirektor gemacht hatten. Inzwischen jedoch war das „Kurhaus" zum „Alten Kurhaus" geworden, denn 1916 hatte man im Kurpark an der Monheimsallee das „Neue Kurhaus" gebaut.

Die neuromanische katholische Pfarrkirche Herz Jesu bildet den Abschluß der Viktoriaallee.

The new-roman, catholic parish-church Herz Jesu was built at the end of Viktoriaallee.

Die Oppenhoffallee, die schnurgerade das Frankenberger Viertel durchschneidet, ist mit ihren Häusern ein Musterbuch aller Baustile des ausgehenden 19. Jahrhunderts.

The Oppenhoffallee, which separates the Frankenberger-Viertel in two parts, gives a typical example of different architecture in the 19th century.

Der Zweite Weltkrieg zerstörte sowohl den Couvenbau wie den Konzertsaal. Doch wurde das „Alte Kurhaus" mit dem Rokoko-Ballsaal stilgerecht wieder aufgebaut. Für die seitlichen Anbauten jedoch entschloß man sich zu neuen Lösungen. So entstand 1970 am Westflügel ein Galerie-Saal mit Nebenräumen, der die gesamte Breite der Kurhausstraße überbrückt. Die schönen Proportionen des wiedererstandenen Couvenbaus mit dem dreiachsigen Mittelteil, dem Mandsarddach und den Arkaden im Erdgeschoß kommen in der Komphausbadstraße gegenüber der zwar gediegenen, aber doch sehr dominierenden Wabenfassade des sechsstöckigen Horten-Kaufhauses heute weniger zur Geltung als von der jetzt freigelegten Rückseite, die aus Richtung Bushof einen imposanten Anblick bietet. Der die Kurhausstraße überspannende Seitentrakt, im Hauptteil ganz ohne Fenster, setzt sich bewußt von der historischen Architektur ab. Die mächtige Betonfläche wurde nach einem Entwurf von Ernst Wille mit Aluminiumgußplatten verkleidet, deren dezente Struktur von der Spannung zwischen Kreis und Quadrat lebt. Daß sich im Inneren des Gebäudes dank der Sammlung des Aachener Ehepaares Ludwig inzwischen ein Zentrum zeitgenössischer Kunst etabliert hat, mag als Provisorium angesehen werden. Doch genießt die hier seit 1970 beheimatete Neue Galerie – Sammlung Ludwig inzwischen Weltruf.

Behutsam hat man die neuen Häuser in der Paugasse mit alten Fassaden ausgestattet.

Carefully were the new houses in Paugasse decorated with old facades.

Altes und Neues verträgt sich gut in der sanierten Rosstraße.

Old and new in harmony: sanitated Rosstraße.

Über den brutal hingeklotzten, inzwischen um die Volkshochschule erweiterten und „veredelten" Bushof-Komplex soll hier nicht räsoniert werden. Wenden wir uns lieber einem wirklich schönen Bau zu, der in unmittelbarer Nachbarschaft des Bushofes und der altehrwürdigen Pfarrkirche St. Peter Zeugnis ablegt sowohl für ein vernünftiges städtebauliches Konzept wie für eine phantasievolle, funktionell und ästhetisch hervorragende architektonische Lösung: der neuen Öffentlichen Bibliothek der Stadt Aachen (Abb. Seite 48).

Der Bau wurde in den siebziger Jahren geplant. Ausgangspunkt war der Erwerb eines zwar voluminösen, aber sonst wenig bemerkenswerten Gebäudes, das eine Textilgroßhandelsfirma nach dem Krieg auf dem Grundstück zwischen Alexander- und Couvenstraße hochgezogen hatte. Die zentrale Lage ließ bald den Gedanken einer Nutzung durch die Öffentliche Bibliothek aufkommen, deren Domizil an der Peterstraße zu klein geworden war. Die Kernfrage lautete: Umbau und Erweiterung des vorhandenen Komplexes oder Abriß und Neubau?
Aus Kostengründen entschied man sich für die erste Lösung. Das Ergebnis fand 1980 nicht nur den Beifall der Bürger, sondern auch Lob und Anerkennung in der Fachwelt. Blickfang ist die moderne Glasfassade des Gebäudes an der eigentlichen „Schauseite" zur Couvenstraße hin.
Kluge Gliederung und Auflockerung der Flächen durch senkrechte Klinkerbänder und luftige Stahlbalkons verbannen jeden Anschein von Monotonie. Das Massige des Gebäudes wird gedämpft durch die in Dachgesimshöhe nach hinten „abgeknickte" Glasfläche, die Oberlicht einfallen läßt. Was in Wirklichkeit der Abschirmung gegen allzu starken Sonneneinfall dient, wirkt nach außen wie ein optischer Gag: In den verspiegelten Fensterflächen der Fassade begegnet man, je nach Blickrichtung, malerischen Altbaufassaden aus der Alexanderstraße oder dem gen Himmel ragenden Kirchturm von St. Peter, dessen Ursprünge auf die Zeit der alten Barbarossamauer aus dem 12. Jahrhundert zurückgehen.

Alt und neu in harmonischer Verbindung – eine glückliche Synthese, die dem Aachener Architektenbüro Höhler/Weiss in Zusammenarbeit mit dem Hochbauamt der Stadt gelungen ist, ohne die Funktion des Gebäudes zu beeinträchtigen oder die Kosten übermäßig hochzutreiben. Ein Beweis auch für die seit den siebziger Jahren wachsende Bereitschaft privater und öffentlicher Bauherren, der Einförmigkeit des puren Funktionalismus mit stärker akzentuiertem ästhetischen Anspruch zu begegnen.

Die Kirche St. Peter gehört übrigens zu den ältesten Aachener Gotteshäusern. Der heutige Bau stammt von dem Aachener Barockbaumeister Laurenz Mefferdatis, dem die Stadt auch die Theresienkirche in der Pontstraße verdankt. Mit ihrer von Johann Joseph Couven entworfenen Innenausstattung gehörte St. Peter bis zur Zerstörung im Zweiten Weltkrieg zu den schönsten Barockkirchen der Stadt. Nach dem Wiederaufbau innerhalb der alten Außenmauern präsentiert sich die Kirche heute mit einem neuen, modernen Raumkonzept und mit überwiegend zeitgenössischer Ausstattung, darunter eine Kreuzigungsgruppe von Karl-Henning Seemann. Wer als Kind noch in der alten Kirche gebetet hat, mag hier eher als an-

Moderne Wohnhausfassaden müssen nicht langweilig sein, wie das Beispiel an der Ecke Stromgasse und Paugasse beweist.

A modern housefront must not be boring, this showes the example at the corner Stromgasse and Paugasse.

derswo zu Erkenntnissen über das Bleibende und das Vergängliche kommen ...

Von der neuen Bibliothek durch die Mariahilfstraße bis zur Monheimsallee sind nur ein paar Schritte. Sie lohnen um der wechselnden Eindrücke willen, die man dabei von Zeugnissen alter und neuer Architektur gewinnt. Der Name der Maria-Hilf-Straße ist die letzte Erinnerung an ein großes Krankenhaus, das einst dort stand, wo heute die Kugel rollt: an der Stelle des heutigen Internationalen Spielcasinos im Neuen Kurhaus an der Monheimsallee. Hier hat sich seither eine Menge verändert.

Das Maria-Hilf-Spital wurde um die Mitte des vorigen Jahrhunderts in dem Parkgelände jenseits des äußeren Mauerrings unterhalb des Wingertsbergs gebaut, da die beiden Krankenhäuser am Radermarkt, dem heutigen Münsterplatz, und in der Jakobstraße zu klein geworden waren. 1854 eröffnete man den kuppelgekrönten Bau, der sich als eine Mischung aus Kirche und Festung mit 129 Meter Frontlänge hinter dem heute noch vorhandenen Springbrunnenteich ausdehnte.

60 Jahre lang prägte er das Bild dieses Stadtviertels, das seither eifrig bebaut wurde. In der Mariahilfstraße (Abb. Seite 56) und in der Monheimsalle entstanden vor und um die Jahrhundertwende repräsentative Bürgerhäuser. Allein in der kurzen Mariahilfstraße, die inzwischen als Fußgängerzone vom Durchgangsverkehr abgeschirmt wurde, gibt es fast zwei Dutzend relativ gut erhaltener Häuser aus der Zeit vor 1876, die, bei aller Unterschiedlichkeit, noch nicht den üppigen Formenreichtum und die Freude am Zierrat widerspiegeln, die den Bauten an der Monheimsallee eigen ist. Im Zusammenklang jedoch verrät diese schmale Straße Stil und Geschmack – man empfindet sie heute als schön.

Als Aachen nach der Jahrhundertwende den Bau eines neuen, stadtnahen Kurzentrums an der Monheimsallee beschloß, waren die Tage des Maria-Hilf-Spitals gezählt. Zu Beginn des Jahres 1914 waren die Spitzhacken am Werk und schufen Raum für das Neue Kurhaus (Abb. S. 68) und das „Palasthotel Quellenhof" (Abb. Seite 66) an der Monheimsallee. Mit einiger Verzögerung wegen des inzwischen ausgebrochenen Ersten Weltkriegs feierte man am 8. Juni 1916 die Eröffnung. Kaiser Wilhelm II. war eingeladen. Aber der Oberste Kriegsherr verschmähte das für ihn in Aachen üppig arrangierte Kaiser-Menü und blieb in seinem Hauptquartier in Spa.

Statt seiner durften General Freiherr von Rheinhaben und Landwirtschaftsminister Dr. Freiherr von Schorlemer der glanzvollen Premiere an der Monheimsallee beiwohnen. Seither ist der Quellenhof, inzwischen als Steigenber-

Der Zwillingsbau mit den Karyatiden im ersten Obergeschoß entstand 1873 an der Ludwigsallee.

In Ludwigsallee the "twin house" with the column figures in the first floor was built 1873.

Neubau inmitten alter Häuser an der Ludwigsallee.

New building in the middle of old houses in Ludwigsallee.

ger Parkhotel Perle in einer Kette, das „erste Haus am Platze“ geblieben. Daß er 1944 beim Vordringen der Amerikaner als Gefechtsstand des letzten Kampfkommandanten der „Festung“ Aachen, Oberst Eberhard Wilck, heiß umkämpft war und mit Granateinschlägen „dekoriert“ wurde, sieht man ihm heute nicht mehr an.

Der preußisch-klassizistische Bau, inzwischen erweitert, aufgestockt, und durch ein modernes Kurmittelzentrum ergänzt, gewinnt durch seine bevorzugte Lage zwischen den Grünkulissen des Kurparks und der Monheimsallee. Das in die Jahre gekommene Gebäude hat, auch wenn es kein großer architektonischer Wurf ist, mehr Stil und Charakter als mancher glatte Hotel-Koloß von heute. Die nostalgische Note des Äußeren wird in den modernisierten Innenräumen verstärkt durch das Flair eines Hauses, in dem auch heute noch Bürger und königliche Hoheiten, junge Hochzeitspaare und steinreiche Milliardäre, Stars des Showgeschäfts und Spitzenpolitiker tafeln. In seinen Tapeten steckt ein Hauch von Welt.
Das wird auch nach außen hin deutlich, wenn die Flaggen wehen, um internationale Gäste zum Reitturnier, zur Karlspreisverleihung oder zur Verleihung des Ordens wider den tierischen Ernst in Aachen zu begrüßen. Andere Gäste wiederum erwecken den Eindruck, als seien sie mit einer Kamelkarawane oder auf einem fliegenden Teppich angereist. Jedenfalls kann das Haus sich rühmen, Scheich Zayed bin Sultan al Nahayan, Präsident der Vereinigten Arabischen Emirate und mit einem geschätzten Vermögen von 140 Milliarden Mark wahrscheinlich der reichste Mann der Welt, zu seinen Dauergästen zu zählen. Ihn locken die Weltklassemediziner des Klinikums und die Jagdfalkenzüchter der Eifel nach Aachen.

Zum Anekdotenschatz des Hauses gehört aber auch die reiche Belgierin, die ihren Bargeldbedarf vor dem Hotelsafe nicht in Zahlen, sondern in Zentimetern auszudrücken pflegte: mit Daumen und Zeigefinger. Ein entsprechend dikkes Bündel 1000-Francs-Scheine wanderte dann in ihre Handtasche. Oder der Lord, der sich „für unabsehbare Zeit“ im Quellenhof einmietete, nachdem er seine drei Schlösser in Schottland und Wales aus Wut über die Dienerschaft verkauft hatte. Und schließlich der Page, der 1957, als Winston Churchill in Aachen den Internationalen Karlspreis entgegennahm, in der Palast-Suite des Hotels der Verführung nicht widerstehen konnte, aus der Zigarren-Schatulle des Staatsmanns eine Havanna als „Souvenir“ für sich zu reservieren ...

Das Neue Kurhaus, gleichzeitig mit dem Quellenhof im Jahre 1916 seiner Bestimmung übergeben, nimmt mit seinem Portikus Elemente des von Karl Friedrich Schinkel geprägten preußischen Klassizismus auf. Es erfüllte bis zum Zweiten Weltkrieg seine ursprüngliche Funktion, war dann, nach Zerstörung und Wiederaufbau, lange Jahre Zentrum des städtischen Musiklebens und avancierte schließlich, nach gründlichem Umbau und höchst mondäner Neugestaltung der Innenräume, zu Nordrhein-Westfalens erster Spielbank. Erstaunlich, was Architekt Harald Deilmann aus dem alten Gemäuer gemacht hat. Moderne Kunst von Heinz Macks „Lichtregen“ im Foyer über Günther Ueckers Nagel- und Victor Bonatos Spiegelobjekte bis zu Andy Warhols Marilyn-Monroe-Serigraphien

Ein stolzer Turm ziert das 1871 gebaute Wohnhaus an der Ecke Lousbergstraße-Ludwigsallee.

A proud tower decorates the house at the corner Lousbergstraße-Ludwigsallee.

fügt sich nahtlos in ein stilvolles Ambiente aus lilafarbener Glückserwartung. Faites votre jeu ...

Der Einzug des Spielcasinos in das Kurhaus gab schließlich den Impuls zum Bau des benachbarten Eurogress (Abb. Seite 67). Die Pläne für den Saalbau zwischen Kurhaus und Quellenhof hatten nach dem 1969 ausgeschriebenen Wettbewerb lange in der Schublade gelegen. Zwar waren die beiden ersten Preise an die Architekten Erwin Schiffer aus Bad Honnef und Dipl.-Ing. Hans H. Walter aus Dortmund gegangen. Aber die Aachener konnten sich nicht entschließen. Es war wie mit den Rathaustürmen. Keiner traute sich so recht ...
Bis endlich mit den zu erwartenden Erlösen aus der Spielbank, an denen auch Aachen beteiligt werden sollte, ein handfestes Motiv da war, das alle planerischen und finanziellen Bedenken hinwegfegte: Es mußte Hals über Kopf Ersatz für das Neue Kurhaus als städtische Konzerthalle geschaffen werden.

In einem Gewaltakt wurde der Bau beschlossen und in Angriff genommen. Damit alles unbürokratisch schnell ging, wurde die Gesellschaft für kommunale Anlagen mbH als Bauträger eingeschaltet, die das Gehäuse am Ende schlüsselfertig zum Festpreis an die Stadt übergab. Als im September 1977 bei der Eröffnungs-Gala Caterina Valente sang „Das hab ich gleich gewußt ..." und Max Gregers heiße Rhythmen die Gäste im Europasaal anheizten, da herrschte eitel Wonne und Freude über das neue Konzert- und Kongreßzentrum, das bereits seine akustische Feuerprobe als Konzertsaal bestanden und sich beim „Blütenzauber" der Floristen als Vielzweck-Anlage bewährt hatte.

Ein schönes Haus? Unter bauästhetischen Gesichtspunkten kaum. Das kupfergedeckte Faltwerk-Dach der weitläufigen Foyer- und Ausstellungsräume ist die schlichte Zurücknahme jedes auffälligen Eigenanspruchs zwischen zwei ebenso betagten wie markanten Bauten aus dem Ersten Weltkrieg. Ein Fehler? Sicher nicht. Zumal die ökonomischen Zwänge, das Eurogress mit dem Quellenhof und seiner Bewirtschaftung zu kombinieren, von den Planern zur Tugend umfunktioniert wurden und sich diese Lösung ausgesprochen bewährt hat. Höchste Tugend eines Architekten ist – zuweilen – seine Opferbereitschaft ...

Opfer bringen auf dem Altar der Realitäten müssen auch immer wieder die Politiker. Trotzdem sagt man nicht den schlechtesten unter ihnen die Eigenschaft nach, im Ernstfall über ihren eigenen Schatten springen zu können. Das schien, nach vielerlei Anläufen, im Falle des an der Monheimsallee geplanten Museumsneubaus geglückt zu sein. Nach den Plänen des ersten Preisträgers in einem 1979 entschiedenen Wettbewerb sollte das Ensemble Quellenhof, Eurogress und Spielcasino durch einen Museumsbau über der Tiefgarage ergänzt werden, für den Prof. Dr. Wilhelm Kücker aus München einen städtebaulich wie museumstechnisch überzeugenden Entwurf geliefert hatte. 1985 kam es im Stadtrat zu einem von der Mehrheit getragenen Baubeschluß. Inzwischen gibt es neue Überlegungen und Denkmodelle, über die noch an anderer Stelle zu reden sein wird. Dennoch bleibt die Vision eines Museumsneubaus und eines wirklich schönen Hauses für die schönen Künste an der Monheimsallee. Wer will, mag sie ins nächste Jahrtausend hineinproji-

Wer Jugendstil mag, wird das Haus Försterstraße 14 zu schätzen wissen.

Those who like Art Nouveau, will like the house Försterstraße 14.

zieren. Aber vielleicht springen noch in dieser Generation einige Kulturpolitiker in Aachen über ihren Schatten ...

Zurück ins Stadtzentrum! Vom neuen Kurmittelhaus und Badezentrum hinter dem Quellenhof zum Symbol der Badestadt Aachen im Herzen der City: zum Elisenbrunnen! (Abb. Seite 70)
Der Rang dieses 1827 fertiggestellten, im Krieg zerstörten und 1953 wiederaufgebauten Gebäudes wird von den Aachenern so eingeschätzt, wie Oberbürgermeister Hermann Heusch es anläßlich der Wiedereröffnung formulierte: „Dieses herrliche Bauwerk, das uns allen teuer ist, ist aus dem Stadtbild ebensowenig wegzudenken wie Dom und Rathaus.“ Zwar wurde nach dem Krieg heftig diskutiert, ob man es wiederaufbauen oder durch einen modernen Neubau ersetzen solle. Der Pläne gab es viele. Am Ende siegte die Anhänglichkeit an ein Stück klassisches Aachen, das man nach dem Hitler-Inferno ebenso wiedererstehen sehen wollte wie den benachbarten Schinkel-Bau des Theaters. Beide zeigen dieselbe Handschrift und beide fanden schon vor mehr als 150 Jahren höchstes Lob. So schrieb der Dichter Friedrich Matthisson in einem Brief vom 2. Juni 1827 aus

Aus Aachens klassizistischer Zeit stammt das alte Zollhaus an der Königstraße.

Built in the classical epoch, the old custom house in Königstraße.

Aachen über Stadttheater und Elisenbrunnen: „Beyde Prachtgebäude, im reinsten antiken Styl, hätten selbst in der hohen Kunstperiode des Perikles zu Athen oder Corinth Epoche gemacht. Wem dies eine Übertreibung scheine, der komme und überzeuge sich ..."

Kein Zweifel: Karl Friedrich Schinkel, der preußische Baumeister, der sich in Aachen auf die Pläne des Landesbauinspektors Johann Peter Cremer stützen konnte, war ein Könner mit Sinn für klassische Formen und Proportionen. Die Aachener haben gut daran getan, die Spuren seines Wirkens in ihrer Stadt nicht zu tilgen, sondern zu konservieren. Zwar gab es beim Wiederaufbau des Elisenbrunnens einige zeitbedingte Korrekturen. So wurden die beiden Seitengebäude verkleinert und die Rückfront der Wandelhalle wurde zum Park hin geöffnet. Aber Rotunde und Wandelhalle blieben in ihren ausgewogenen Maßverhältnissen mit den dorischen Säulen erhalten. Eines der Seitengebäude dient jetzt als Ausstellungs-Pavillon, das andere ist in die Gastronomie des Elisenbrunnen-Restaurants mit einbezogen.

Ein Wohnhaus im Stil der Couvenzeit an der Nizzaallee.

A dwelling-house in the style of the Couven epoch, in Nizzaallee.

Gewiß, die Neigung der Kurgäste, zu Fuß oder mit Pferd und Kutsche den Elisenbrunnen aufzusuchen, um dort das Aachener Heilwasser zu trinken und anschließend in den Wandelhallen zu flanieren, hat rapide nachgelassen. Zwar schaut Preußens Kronprinzessin Elisabeth, nach der das Gebäude 1827 benannt wurde, als Marmorbüste des Bildhauers Christian-Friedrich Tieck in der Rotunde noch huldvoll auf die Besucher herab, die sich mit Glas oder Pappbecher dem dampfenden Thermaltrinkbrunnen nähern. Aber da ist mehr Nostalgie als therapeutisches Konzept mit im Spiel, denn der wahre Kurbetrieb hat sich längst von der Hauptverkehrsachse Friedrich-Wilhelm-Platz vor dem Elisenbrunnen zu den Oasen der Stille in den neuen Bädern und Kurmittelzentren verlagert.

Der Charakter der Umgebung wird heute weitgehend von nüchternen Bank- und Geschäftsbauten geprägt. Schon zu Beginn der fünfziger Jahre entstanden gegenüber dem Elisenbrunnen die Neubauten des traditionsreichen Hauses Nuellens – einst Prominenten-Hotel, später Weinlokal und Geschäftshaus – und der Kreissparkasse. Das Wagnis, neben den Elisenbrunnen den betont modernen Stahlskelettbau der Deutschen Bank (Abb. Seite 78) zu setzen, wurde von den Planern, Dipl.-Ing. Schiel/Possekel, Düsseldorf, bemerkenswert gut gelöst. Der mit dem Obergeschoß dezent nach hinten zurückgenommene Bau an der Ecke Ursulinerstraße überzeugt durch seine Proportionen ebenso wie durch die zwar auffällige, aber nicht protzige Strukturierung der Fassade durch Glas und Metall. Mit der phantasievoll-belebten Gestaltung der Glasfensterfront im Erdgeschoß schuf der Düsseldorfer Künstler Max Kratz einen wirkungsvollen Kontrast zu den klassischen Formen des von dorischen Säulen geprägten Schinkelbaues. Ebenso reizvoll erscheint der Dialog der Moderne mit dem gegenüberliegenden Eckbau Ursulinerstraße/Holzgraben (Abb. Seite 82), einem gut restaurierten, neubarocken Wohn- und Geschäftshaus aus dem Ende des vorigen Jahrhunderts. Hier ist das Neben- und Miteinander von alt und neu beispielhaft bewältigt.

Am Kapuzinergraben, der Fortsetzung des Friedrich-Wilhelm-Platzes im Zuge des inneren Mauerrings, beherrscht die langgestreckte, der leichten Straßenbiegung folgende Fassade der Hauptpost (Abb. Seite 69) das Bild der Häusergruppe. Als der preußische Prachtbau im Jahre 1893 in neuromanischem Stil fertiggestellt war, schmückten ihn zwei Ecktürme mit Balkonlauben und einem Giebel über dem als Arkade vorgezogenen Mittelportal. Als Wächter standen vor den Lisenen des Mittelbaus über der Arkade zwei mächtige Steinfiguren Karls des Großen und Wilhelms I. aus der Werkstatt der Aachener Bildhauer Pohl und Esser, die damals auch am neuen Fassadenschmuck des Rathauses mitwirkten. Turmhelme, Giebel und Figuren fielen dem Krieg zum Opfer. Als man das ausgebrannte Gebäude 1952 wieder aufbaute, verzichtete man weitgehend auf die schmückenden Zutaten. Das von dem Kölner Postbaurat Hindorf um 1888 geplante Gebäude wurde nüchterner. Doch fällt es nicht schwer, den dreigeschossigen Bau mit der klar gegliederten Werksteinfassade unter die „schönen Häuser“ einzureihen, wenn man ihn mit der benachbarten Brutalarchitektur des neuen Grabenhofkomplexes an der Ecke Franzstraße-Alexianergraben vergleicht ...

So bauten wohlhabende Bürger nach der Jahrhundertwende an der Nizzaallee.

Like this rich citizen built their houses at the beginning of the century in Nizzaallee.

In Höhe der Dresdner Bank, einem 1910/11 von Georg Frentzen mit neubarocken Schmuckformen ausgestatteten Bau, weitet sich der Kapuzinergraben zum Theaterplatz. Hier stand einst das Kloster, das der Straße den Namen gab. 1825 wurde an seiner Stelle einer der stolzesten Bauten der jungen preußischen Rheinlande eröffnet, das Stadttheater (Abb. Seite 75). Die ursprünglichen Pläne stammen, wie beim Elisenbrunnen, von Johann Peter Cremer. Aber der große Baumeister Schinkel aus Berlin griff auch hier ein. Ihm verdanken die Aachener nicht nur den klassischen Portikus mit den kannelierten ionischen Säulen, sondern auch den Entwurf zu dem allegorischen Schmuck im Tympanon des Gebäudes, das laut seiner lateinischen Inschrift dem Musenführer Apollon und dem Chor der Helikontöchter geweiht ist.
Etwas versteckt im Hintergrund des Theaterplatzes steht als weiterer klassizistischer Bau aus der Preußenzeit der von Johann Peter Cremer 1828-1830 errichtete Sitz der Bezirksregierung (Abb. Seite 59). Er wurde, ebenso wie Elisenbrunnen, Theater und Hauptpost, nach der Kriegszerstörung in den frühen fünfziger Jahren wiederaufgebaut. Es ist das Gebäude, in dem der 21jährige Otto von Bismarck

im Jahre 1837 als Regierungsreferendar in die Geheimnisse preußischer Verwaltungskunst einzudringen suchte. Aber seine Aachener Ausbildung fand ein jähes Ende, als die schöne Isabella Loraine-Smith, Tochter eines britischen Geistlichen, sein „armes entzündliches Blut“ in Wallung brachte. Als Isabella mit ihren Angehörigen die Stadt verließ, nahm Bismarck acht Tage Urlaub, um der Dame seines Herzens zu folgen. Ganze sechs Monate blieb er „in ihrem Kielwasser“, ohne sie erobern zu können. Am Ende mußte er die Segel streichen vor einem 50jährigen vermögenden Obristen, dem Isabella den Vorzug gab. „Arm im Beutel, krank am Herzen kehrte ich nach Pommern heim“, schrieb Bismarck später über diese Episode. In Aachen jedoch, wohin er nicht mehr zurückkehrte, wurden 1838 seine Hinterlassenschaften versteigert, weil der junge Sausebraus bei seiner überstürzten Abreise versäumt hatte, seine Schulden zu bezahlen.

Um jene Zeit nahm Aachen, wo 1818 der Monarchenkongreß die Neuordnung Europas besiegelt hatte, eine stürmische Entwicklung. Mit dem Bau des Stadttheaters in den Jahren 1822-25 verbunden war die Anlage einer neuen Straße. Sie führte genau in der Mittelachse des Musentempels von der Rückfront schnurgerade bergan, um in der Höhe der heutigen Normaluhr auf die schon von Napoleon angelegte Verbindungsstraße vom Kaiserplatz nach Burtscheid, die heutige Wilhelm- und Kurbrunnenstraße, zu treffen. Damit wuchs die Stadt über den mittelalterlichen Mauer- und Grabenring hinaus. An der für damalige Verhältnisse ungewöhnlich breiten Straße hinter dem Theater bot sich

Diese in den zwanziger Jahren gebauten Häuser an der Joseph-von-Görres-Straße können sich auch heute noch sehen lassen.

In the twenties were built these houses in Joseph-von-Görres-Straße.

Das Direktionsgebäude der Waggon- und Triebwagenfabrik Talbot an der Jülicher Straße.

Looking at the management building, it belongs to the wagon and motor coach factory Talbot in Jülicher Straße.

wohlhabenden Bürgern die Chance zum Bau schöner, repräsentativer Häuser.

Vier Jahre nach der Einweihung des neuen Theaters schrieb Christian Quix in seiner schon zitierten Beschreibung der Stadt Aachen: „Die sehr breite, mit geschmackvoll gebauten Häusern, die zum Theil im Rohen schon aufgeführt sind, gezierte Neue-Straße bei dem Schauspielhause nähert sich ihrer Vollendung. Sie wird eine der schönsten Straßen der Stadt."
Von dieser einstigen Schönheit ist nur noch wenig erhalten geblieben. Einen Eindruck von der hochherrschaftlichen Bauweise jener Zeit vermittelt das nach dem Krieg sorgfältig wiederhergestellte Haus Nr. 67 (Abb. Seite 83). Es wurde 1834 von Stadtbaumeister Adam Franz Leydel nach dem Muster des Petit Trianon im Schloßpark zu Versailles für den Tuchfabrikanten Heinrich Deusner in klassizistischem Stil gebaut. Der 5000 Quadratmeter große Park reichte bis zur heutigen Lothringer Straße.
Über drei Geschosse ging man damals nicht hinaus. Später, als die Stadt weiter wuchs, verlagerte man das Repräsentationsbedürfnis mehr in die Höhe statt in die Breite. So baute der Architekt Eduard Linse im Jahre 1900 für Robert Suermondt, den Sohn des Kunstmäzens Barthold Suermondt, nach dem das Museum in der Wilhelmstraße benannt ist, das stattliche, viergeschossige Haus Theaterstraße 9 (Abb. Seite 76). Seine neubarocke Putzfassade, vom heutigen Eigentümer, der Vereinigten Versicherungs-Gruppe, sorgfältig gepflegt, vermittelt etwas vom Glanz einer vergangenen Epoche.

Sehr ansehnlich wirkt heute noch das 1888/89 gebaute, 1947/49 neuzeitlichen Erfordernissen ange-

paßte ehemalige Gebäude der Landeszentralbank im Haus Theaterstraße 17, das 1985 von der benachbarten Bank für Gemeinwirtschaft übernommen wurde. Auch das aus alten und neuen Elementen kombinierte Ensemble der Signal-Versicherung an der Ecke Theaterstraße/Vereinstraße (Abb. Seite 73) erweist sich als eine saubere architektonische Lösung. Beispiele einer soliden Funktionsarchitektur aus zwei verschiedenen Epochen sind die beiden Verlagsgebäude. An der Theaterstraße 24–28 entstand im Jahre 1928 der Backsteinbau des Politischen Tageblatts, dessen Nachfolger nach dem Krieg die Aachener Nachrichten wurden. Die Herausgeber der Aachener Volkszeitung dagegen bauten erst nach dem Krieg, im Jahre 1950, ihr neues Druck- und Verlagshaus an der Ekke Theaterstraße/Bahnhofstraße/Horngasse (Abb. Seite 85). In beiden Fällen ist, wenn auch auf sehr unterschiedliche Weise, versucht worden, Akzente zu setzen, ohne den Rahmen der Nachbarbebauung zu sprengen.

Sehr viel kühner waren die Architekten HPP-Hentrich, Petschnigg und Partner, Düsseldorf, beim Bau der neuen Generaldirektion der Aachener und Münchener Versicherung AG (Abb. Seite 79). Der seit 1966 in mehreren Bauabschnitten entstandene Komplex zwischen Aureliusstraße, Theaterstraße und Borngasse ist mit seinem neunstöckigen, steinverblendeten

Wohnen im Grünen: Einige der zwischen 1926–28 gebauten Häuser im Gillesbachtal.

To live in the middle of a green area: Some between 1926–28 built houses in Gillesbachtal.

Hochbau unübersehbar. Von bloßem Kontrast zu den drei-bis viergeschossigen Häusern der Umgebung kann keine Rede mehr sein. Hier werden neue Maßstäbe gesetzt. Dennoch wirkt die unbestreitbare optische Herrschaft des neuen Gebäudes mit der glatten Steinfassade und den quer durchgezogenen Fensterbändern nicht plump und unförmig. Durch Zurücknahme aus der Bauflucht und durch kluge Gliederung ist es den Planern gelungen, die Baumassen zu verteilen und ihnen einen Hauch von Eleganz zu geben. Das rechteckige Brunnenbecken mit Grünkulisse, das den Abschluß zur Theaterstraße hin bildet, verstärkt diesen Eindruck.

Ähnlich kühn war in den Jahren 1924-1930 der Bau des Hauses Grenzwacht am Bahnhof, im Volksmund schlicht Hochhaus genannt. Mit seinem elfgeschossigen, werksteinverblendeten Viereckturm, hinter dem sich der fünfgeschossige Hauptbau entlang der Römerstraße dehnt, überragt das Gebäude alles, was sich ringsum befindet, vor allem das breitgelagerte Bahnhofsgebäude und das von Johann Peter Cremer 1846–49 gebaute Hauptzollamt (Abb. Seite 58).

Die Geschichte dieses Hochhauses ist ein Baudrama der zwanziger Jahre. Schon 1921–22 wurden Pläne erörtert, hier einen Verwaltungsbau zu errichten, zumal die damalige belgische Besatzungsmacht erheblichen Raumbedarf anmeldete. Ein Kostenvoranschlag des Inflationsjahres 1922 belief sich auf 100 Milliarden Mark, der sich nach Konsolidierung der Währung auf 273 000 Goldmark reduzierte. Trotzdem blieb die 1923 ausgeschachtete Baugrube lange liegen, bis eine Aachener Baufirma Grundstück und Bauverpflichtung übernahm. Doch sie kam über das Stahlskelettgerüst nach Plänen des Aachener Architekten Prof. Fahrenkamp nicht hinaus. Erst als der Kölner Architekt und Hochhausbauer Prof. W. Koerfer 1928 das Projekt übernahm, ging es weiter voran.

Die Fronleichnamskirche von Rudolf Schwarz an der Düppelstraße war 1930 bahnbrechend für den modernen Kirchenbau.

The Fronleichnamskirche in Düppelstraße, built by Rudolf Schwarz 1930, was important for the modern architecture of churches.

Dieses Wohnhaus aus dem 16. Jahrhundert an der Burtscheider Hauptstraße hat den Feuersturm des Zweiten Weltkrieges überstanden.

This building of the 16th century in Burtscheider Hauptstraße survived the fire of the second world war.

Am 15. Februar 1930 eröffnete als erstes das damalige Capitol-Filmtheater im Hauptbau an der Römerstraße seine Pforten, fünf Tage später folgte das Restaurant Grenzwacht. Im April 1930 zog dann die Stadtverwaltung in die angemieteten Büroräume. Dort sitzt sie, jedenfalls mit Teilen ihrer Ämter, noch heute.
Inzwischen ist der im Krieg teilzerstörte Bau repariert, erweitert und renoviert worden. Die Aachener haben sich daran gewöhnt, obwohl er zu dem nach Aachener Brauch mit Ziegelmauerwerk und Blaustein im „Florentiner Stil" gebauten Hauptzollamt Cremers wie die Faust aufs Auge paßt. Aber was soll's? Der neuromanische Sandstein-Protz des Landesbauinspektors und Architekten Mettegang von der Eisenbahndirektion Köln, der 1905 den alten „Rheinischen Bahnhof" ablöste, ging auch nicht gerade zimperlich mit der Umgebung um. Heute ist er, teils restauriert, teils modernisiert, ein schönes und erhaltenswertes Bauzeugnis aus einer Zeit, in der man we-

Einst Rathaus, heute Haus des Gastes im Kurzentrum am Burtscheider Markt.

Once Town hall, today Haus des Gastes (house of the guest) in the kurcentrum next to Burtscheider Markt.

HAUS DES GASTES
Konzert
Madrigale und Lieder
FILME
Mandolinen-konzert

nigstens Sinn für Proportionen und angemessenen Bauschmuck hatte. Daß der Bahnhofplatz selbst und seine Randbebauung inzwischen so nüchtern geworden sind, ist eine Folge des Krieges und der veränderten Straßenverkehrsverhältnisse. Immerhin plätschert Wasser in kleinen Brunnenbecken und wiehern die Bronzepferde von Bonifatius Stirnberg ...

Vor dem Hintergrund des zwar architektonisch unmöglichen, dennoch stillschweigend geduldeten und funktionierenden Dreiecksverhältnisses Hauptzollamt-Bahnhof-Hochhaus gewinnt auch der benachbarte Verwaltungsneubau an der Lagerhausstraße (Abb. Seite 64) eine andere Dimension. Er wurde 1975–1979 nach Plänen des Architekten Wilhelm Schüssler vom Hochbauamt der Stadt Aachen gebaut und signalisiert in geschickt geschachtelten Gebäudegruppen mit fünf, sieben und neun Geschossen gebündelten Verwaltungsfleiß. Wenn man bedenkt, daß hier – freilich einschließlich der mehrgeschossigen Tiefgarage – 138 000 Kubikmeter Raum umbaut wurden, dann begreift man, im Vergleich zu den 68 000 Kubikmetern des „Hochhauses", diesen Verwaltungszweckbau als eine Meisterleistung im Verstecken von Massen.

Mit diesen Problemen hatten die Baumeister der Wilhelminischen Ära nichts zu tun. Im Gegenteil, sie legten Wert darauf, Volumen sichtbar zu machen und damit Staatsmacht zu demonstrieren. Daß ihnen dabei trotzdem zuweilen ausgesprochen gute Lösungen gelangen, beweist der neubarocke Bau des ehemaligen Polizeipräsidiums (Abb. Seite 87), der 1910 an der Ecke Kasernen- und Karmeliterstraße seiner Bestimmung übergeben wurde. Der von dem Geheimen Oberbaurat Launer im preußischen Ministerium für öffentliche Arbeiten entworfene Bau dient heute u. a. als Domizil des Verwaltungsgerichts. Zum Figurenschmuck des Giebelfeldes und der Portale haben die Berliner Bildhauer Cauer und Bendorff beigetragen. Imposant ist vor allem die Figur des Drachentöters St. Georg, der als Schutzpatron der Polizei den Sieg des Guten über das Böse symbolisiert. Wenn man vergleicht, wie anders dieselbe Idee von einem zeitgenössischen Bildhauer wie Professor Wolfgang Binding heute vor dem sachlich-strengen Zweckbau des neuen, 1981 seiner Bestimmung übergebenen Polizeipräsidiums an der Hubert-Wienen-Straße ausgedrückt wird, dann begreift man die Tragweite gesellschaftlicher Prozesse und den tiefgreifenden Wandel des Menschenbildes seit der Jahrhundertwende, mit dem sich vor allem jene auseinandersetzen müssen, die Häuser für Menschen bauen – die Architekten.

Im Idealfall lassen sich ästhetische, funktionale und städtebauliche Gesichtspunkte auf einen Nenner bringen. Wie schwer das im Einzelfall ist, belegt der 1985 fertiggestellte Neubau der Landeszentralbank (Abb. Seite 63) auf dem Grundstück zwischen Kurbrunnen-, Römer- und Hackländerstraße. In unmittelbarer Nachbarschaft der Bahnlinie, einer stark frequentierten Straßenkreuzung und einer sehr gemischten Bebauung im Schatten des Burtscheider Viadukts suchte Architekt Dr.-Ing. Fritz Wenger eine Lösung, die der exponierten Lage gerecht wird. Daß eine Art moderner Trutzburg mit Tresorcharakter entstand, lag wohl schon in der Aufgabenstellung begründet. Doch läßt der geschickt gegliederte Baukörper mit

Die Rheumaklinik Aachen und das Schwertbad (rechts) im Herzen Burtscheids.

The rheumatic clinic of Aachen and the Schwertbad (right) we find in the centre of Burtscheid.

der Natursteinfassade aus Marchinger Kalkstein und den vertikalen Fensterbändern aus getöntem Glas das Bemühen erkennen, einen städtebaulichen Akzent zu setzen. Ob es sinnvoll und notwendig ist, ein solches Institut mitten in eine Hauptverkehrszone zu setzen, ist eine andere Frage. Andererseits wäre die Baulücke an der Normaluhr ohne das Engagement der Landeszentralbank möglicherweise nie geschlossen worden.

Zu einer Zeit, da die heutigen Verkehrsprobleme noch nicht absehbar waren, nämlich in der Mitte der fünfziger Jahre, entstand der im Hauptbau zwölfstöckige Komplex der Kreisverwaltung Aachen (Abb. Seite 61) auf dem Grundstück des ehemaligen Landratsamtes zwischen Zollern-, Bach- und Warmweiherstraße. Hier suchte der Planer, Regierungsbaumeister a. D. Schaller aus Köln, kühn und selbstbewußt den Dialog mit der 130 Jahre älteren, klassizistischen Architektur des Stadttheaters, indem er die Theaterstraße von ihrem unteren Ende her sichtbar nach oben hin optisch quer „verriegelte". Ohne Scheu vor der unmittelbaren Nachbarschaft der 1899 fertiggestellten, nach dem Krieg wiederaufgebauten evangelischen Dreifaltigkeitskirche, pflanzte er einen imposanten Behördenbau in eine Umgebung, die weitgehend von typischen Aachener Dreifensterwohnhäusern der Jahrhundertwende charakterisiert wird. Vermutlich würde man einen solchen Bau heute nicht mehr durch die Genehmigungsinstanzen bringen. Aber zu seiner Entstehungszeit war er Symbol des Muts zum Wiederaufbau, wenngleich auch Zeugnis der noch unterentwickelten Fähigkeit, zwischen Höhe und Größe zu unterscheiden. Wer will da lästern? Der klar gegliederte, durch die strenge Rhythmik der Fensterfront belebte Bau kann sehr gut bestehen, wenn man ihn mit manchen anderen Behördenbauten jener Zeit vergleicht.

Damit sind wir schon im Frankenberger Viertel, einem der baugeschichtlich reizvollsten Stadtgebiete außerhalb des alten Mauerrings. Aber zuvor noch ein Blick in die Wilhelmstraße und das angrenzende Suermondt-Viertel.

Die Wilhelmstraße wurde, wie schon erwähnt, in napoleonischer Zeit als Verbindung vom Adalbertstor am heutigen Kaiserplatz nach Burtscheid hin angelegt, führte zunächst aber durch unbebautes Wiesenland. Mit dem Bau der Theaterstraße in preußischer Zeit und der Ausdehnung der Stadt nach Norden und Osten gewann sie zunehmend Bedeutung als Wohnstraße. Von den Häusern der „ersten Generation", die nach 1830 entstanden, ist heute nichts mehr erhalten. Unter den zum Teil noch sehr ansehnlichen Häusern, die aus der Zeit von der Mitte bis zum Ende des 19. Jahrhunderts erhalten blieben, ragt ein Bau im Stil eines venezianischen Renaissance-Palastes hervor, das Haus Wilhelmstraße 18, heute Sitz des Suermondt-Ludwig-Museums (Abb. Seite 88). Den Entwurf zu diesem Repräsentationsbau fertigte der Aachener Architekt Eduard Linse (1848–1902) für den Aachener Kratzenfabrikanten Eduard Cassalette und seine Frau Maria, geborene Nellessen. „Es war der ausdrückliche Wunsch des Auftraggebers, daß sein Haus durchweg in den Formen der italienischen Renaissance in edler, monumentaler Erscheinung aus Sandstein gebaut werden soll", berichtete Linse später. Nach Reinhard Dauber („Aachener Villenarchitektur") verarbeitete der Architekt in der Hauptfassade Elemente mehrerer italienischer Palazzi, darunter der Markusbibliothek in Venedig. 1884 wurde mit dem Bau begonnen. Da es wegen behördlicher Einwände mehrere Unterbrechungen gab, konnte das Haus erst 1888 bezogen werden. Der Bauherr hatte nicht lange Freude daran. Er starb 1891. Als sieben Jahre später das Gebäude verkauft wurde, griff die Stadt Aachen zu und richtete dort ihr bislang in der Komphausbadstraße allzu beengt untergebrachtes Suermondt-Museum ein. 1901 wurde das Museum im Haus Cassalette an der Wilhelmstraße eröffnet, nachdem man einen zweigeschossigen Anbau mit Seiten- und Oberlicht im rückwärtigen Teil hinzugefügt hatte. 1931 folgte ein neuer Erweiterungsbau. Nach dem Krieg erfuhren die aus der Kriegsverbannung heimgekehrten Sammlungen in dem restaurierten Gebäude eine bedeutende Aufwertung durch die Stiftung Ludwig.

Seit 1977 heißt es Suermondt-Ludwig-Museum. Seit langem gibt es Pläne, das Museum um einen weiteren Anbau zu vergrößern. Ein hierfür vorgesehenes Grundstück an der Wilhelmstraße links neben dem Haus Cassalette befindet sich in städtischer Hand. Der Architekt, der sich mit dieser Aufgabe befaßt, wird es nicht leicht haben, eine Lösung zu finden, die angemessen neben der venezianischen Fassaden-Pracht des Linse-Baus bestehen kann.

Die Schirmfabrik Brauer an der Jülicher Straße gilt nicht nur als denkmalwürdiges Zeugnis der Bauhauszeit, sondern auch als möglicher Sitz eines Weltkunstzentrums.

The umbrella factory Brauer in Jülicher Straße is not only a monument, may be also residence of the world-art-center.

Wie eine unaufdringlich moderne Lösung mit dem zeitgenössischen Material Sichtbeton inmitten einer weitgehend von historischen Fassaden bestimmten Umgebung bestehen kann, zeigt schräg gegenüber dem Suermondt-Ludwig-Museum der Eckbau Wilhelmstraße-Augustastraße (Abb. Seite 89). Das von dem Aachener Architekten Erwin Lynen entworfene Wohn- und Geschäftshaus setzt an dieser Straßenecke einen Akzent, ohne störend aus dem Rahmen zu fallen.
Stärker von postmodernen Stilmitteln geprägt, aber nicht minder ansprechend mit seiner schön gegliederten Ziegelfassade wirkt das 1981–83 von dem Aachener Architekten Joachim Schwarze gebaute Martin-Luther-Haus (Abb. Seite 84) an der Martin-Luther-Straße, jenseits der Rückfront des Suermondt-Ludwig-Museums. Wo einst die im Krieg zerstörte Christuskirche aus dem Jahre 1894 ihren Turm gen Himmel reckte, breitet sich jetzt ein in der Höhe moderates, in der geschickten Zuordnung der Räume sehr einladendes Gemeindezentrum aus. Dabei bildet der eigentliche Kirchenraum die optische und geistige Mitte.

Der Suermondt-Platz, auf dem sich Wespien- und Harscampstraße kreuzen, ist Zentrum eines Stadtviertels, mit dessen Bau innerhalb des äußeren Mauerrings 1846/47 begonnen wurde. Wohlhabende Bürger ließen sich damals von den Bauunternehmern Gebr. Suermondt und Andreas Hansen ihre

Der Zehnthof an der Althaarener Straße im Stadtteil Haaren.

The Zehnthof Althaarener Straße, we find in the part of the town, called Haaren.

Häuser bauen. Die noch erhaltenen Beispiele aus der Mitte des 19. Jahrhunderts zeigen, daß man zunächst der von den Stadtbaumeistern Adam Franz Friedrich Leydel und Friedrich Ark geprägten klassizistischen Bauweise folgte. Erst im letzten Drittel des Jahrhunderts und zu Beginn des 20. Jahrhunderts wandelten sich Moden und Stile. Ein besonders extremes Beispiel ist das 1905 von G. Krämer gebaute Haus Beeckstraße 33 (Abb. Seite 72), das in seinem von bunten Kacheln akzentuierten Fassadenschmuck neubarocke Elemente mit Jugendstilformen verbindet.

Der Ausdehnungsdrang der Stadt führte in der zweiten Hälfte des vorigen Jahrhunderts zu einem Bau-Boom, der bald über den äußeren Mauerring hinüberschwappte. Nach dem Suermondtviertel entstanden auf Initiative der Großunternehmer Rehm und Steffens neue Viertel jenseits des alten Adalbertstors an der Adalbertkirche. Wer Freude hat an schönen alten Hausfassaden aus der zweiten Hälfte des 19. und dem ersten Jahrzehnt des 20. Jahrhunderts, findet in den Straßen rund um Rehm- und Steffensplatz recht ansehnliche Beispiele, etwa in der Max-, Otto- und Rudolfstraße, ferner in der Friedrich-, Augusta-, Alfons- und Kongreßstraße. 1887/88 bekam die Kongreßstraße durch den mächtigen neugotischen Behördenbau des Amtsgerichts ihr preußisches Staatssiegel aufgeprägt. 1927–29 kam dann am Adalbertsteinweg, der großen Ausfallstraße nach Osten, das wieder stärker klassizistisch geprägte Landgericht hinzu, das trotz seiner strengen, kühlen Fassade neben der düsteren Backsteinburg des Gefängnisbaus von 1864–1872 wie ein Palast wirkt (Abb. Seite 90 und 91).
Innerhalb dieser heute sehr gemischt bebauten Viertel gibt es ne-

Mit Wasserkraft wurde in der Welschen Mühle in Haaren Getreide gemahlen. Heute dient der Bau als Bürgerhaus und als Kulturzentrum.

With waterpower was grinded corn in the Welsche Mill. Today the building is citizen house und cultur center.

ben viel trister Nachkriegsmonotonie inzwischen wieder einige Wohn- und Geschäftshausneubauten, die sich keck, aber architektonisch gediegen mit dem Anspruch hervorwagen, zeitgenössische Akzente zu setzen. Als Beispiele seien genannt das Haus Ottostraße 26 (Abb. Seite 92) und das Haus Adalbertsteinweg 122/24. Hier wird sichtbar, wie Bauherren und Architekten sich vom konturlosen baulichen Einheitsbrei der Nachkriegszeit distanzieren.

Noch während Rehm- und Steffensviertel wuchsen, entstand in unmittelbarer Nachbarschaft, freilich überwiegend auf dem Grund des damals noch nicht eingemeindeten Vororts Burtscheid, ein neuer Wohnbezirk, das Frankenberger Viertel. Es ist heute ein in seiner Geschlossenheit einzigartiges baugeschichtliches Dokument aus der Gründerzeit und den nachfolgenden Epochen bis zum Ersten Weltkrieg. Die Fülle der schönen Häuser, die hier alle Stilepochen vom ausgehenden Klassizismus über den Historismus mit Renaissance- und Barockformen, gotischen und romanischen Einflüssen bis hin zum Jugendstil und zu Ansätzen einer neuen Sachlichkeit erkennen lassen, erzwingt eine summarische Darstellung, wobei einige, nicht als Wertung zu verstehende Beispiele für das Ganze stehen mögen.

Seinen Namen verdankt das Viertel der Burg Frankenberg (Abb. Seite 93). Inmitten eines kleinen Parks zwischen Bismarck- und Rehmannstraße vermittelt das alte, inzwischen restaurierte Gemäuer einen Hauch von mittelalterlicher Ritterromantik. An sonnigen Tagen spiegeln sich Himmel, Burgzinnen und Baumkronen in einem Weiher, dessen glitzernde Oberfläche das Geheimnis einer unsterblichen Liebe birgt. Es ist der Ring der Fastrada, von dem die Sage berichtet, daß er Kaiser Karl einst fast um den Verstand gebracht habe.

Fastrada, Tochter eines fränkischen Grafen Radolph, wurde im Jahr 783 zu Worms die dritte Gemahlin Karls. Der Kaiser schätzte ihre Schönheit ebenso wie ihren heiteren und aufgeweckten Geist. Auch der Ärger, den ihr Stolz und Übermut gelegentlich am Hofe verursachten, konnte seine Liebe nicht trüben. Als Fastrada nach elfjähriger Ehe 794 in Frankfurt starb, befiel tiefe Trauer den Kaiser. Ratlos betrachtete seine Umgebung die Folgen seines Schmerzes. Karl wollte sich nicht von der Leiche trennen. Er nahm weder Speise noch Trank zu sich, verweigerte das Begräbnis und behauptete: „Sie schläft ja nur!“
Bis sein engster Vertrauter, Erzbischof Turpin von Reims, nach einem Traumgesicht die Ursache des Zaubers entdeckte. Heimlich nahm er einen im Haargeflecht der toten Fastrada verborgenen Ring an sich, und schon erwachte der Kaiser wie aus einem Traum. Er ließ die Leiche der toten Kaiserin nach Mainz überführen und in der Abtei von St. Alban beisetzen.
Fortan aber wollte der Kaiser sich nicht mehr von Turpin trennen. Der Erzbischof, der Karl gern auf seinen Reisen begleitete, wollte indessen weder den Kaiser noch sich selbst dem Zauber des Ringes unterwerfen. Also nutzte er die Gelegenheit eines Aufenthaltes in Aachen, wo Karl auf seinem Jagdschloß weilte, und versenkte den Ring tief in den Fluten des Sees nahe der Burg Frankenberg. Doch wurde damit der Zauber nicht gebannt. Im Gegenteil. Von nun an, so berichtet die Sage, kehrte Karl immer häufiger nach Aachen zurück, das bis zum Tode seine Lieblingspfalz blieb. Am liebsten aber soll er sich in seinem Jagdschloß aufgehalten und sinnend am Ufer des Sees gesessen haben, ohne zu ahnen, welche geheime Kraft ihn damit verband.

Burg Frankenberg – eine Gründung Karls auf den Fundamenten eines römischen Wachtturms? Diese Deutung muß man ebenso in das Reich der Fabel verweisen wie die Geschichte vom Ring der Fastrada. Sicher ist nur, daß ein Zweig der Familie Merode aus dem Wenauer Forst bei Düren im 13. Jahrhundert die Burg mit dem mächtigen Rundturm gebaut hat. Sie wurde Sitz der Vogtei von Burtscheid. Im Jahre 1583 wurde das Frankenberger Lehen von Herzog Wilhelm von Jülich an Johann von Merode-Houffalize mit der Auflage übertragen, die Burg „wiederumb in guten starcken Baw und Rüstung auf seine Koesten zu bringen!“ Bis nach der Franzosenzeit die Erbin, Reichsfräulein Regina Petronella Franziska von Merode-Houffalize zu Frenz, die Burg an den preußischen Landrat Friedrich Joseph Anton von Coels verkaufte. Der baute das Gemäuer zum Rittergut aus und rettete es vor dem Verfall. Seine Erben indessen konnten das Gut mit den ausgedehnten Ländereien nicht halten. Sie verkauften es 1872 an die Aktien-Gesellschaft Frankenberg. Damit beginnt die eigentliche Geschichte des Frankenberger Viertels.

Zur Burg selber sei noch gesagt, daß die neuen Eigentümer Vorburg und Wirtschaftgebäude abreißen

Das Herrenhaus des Gutes Kalkofen an der Talbotstraße zeigt die Handschrift des Aachener Barockbaumeisters Johann Joseph Couven.

The manor-house, of Gut Kalkofen in Talbotstraße, shows the handwriting of the baroque master Johann Joseph Couven.

ließen, um mehr Bauland zu gewinnen. Hauptgebäude und Turm blieben erhalten. Zu den Bewohnern nach der Jahrhundertwende gehörte u. a. der später als Flugzeugkonstrukteur berühmt gewordene Aachener Professor Hugo Junkers. Nach dem Zweiten Weltkrieg wurde das von der Stadt übernommene Anwesen baulich saniert. Seit 1961 birgt es als Museum Burg Frankenberg eine sehenswerte Sammlung heimatgeschichtlicher Zeugnisse, darunter zahlreiche Studien Alfred Rethels für die Rathausfresken, aber auch vorgeschichtliche und römische Funde.

Der heutige Charakter des Viertels freilich wird nicht mehr durch die Burg geprägt, sondern durch die Bebauung. Sie setzte 1872 ein und führte im Laufe von rund 40 Jahren zur Entstehung eines neuen Stadtteils in jenem Gebiet, das durch die Bahnlinie mit dem mächtigen Viadukt seit dem Jahre 1841 sozusagen von Burtscheid abgeschnitten war. Nun wuchs es, noch vor der Eingemeindung des Jahres 1897, mehr und mehr Aachen zu, indem Bürger des gehobenen Mittelstandes aus der Kaiserstadt – Kaufleute, Beamte und Offiziere – sich dort

Die Pfarrkirche St. Michael in Burtscheid gehört zu den nach dem Krieg wiederhergestellten Bauwerken Johann Joseph Couvens.

The parish-church St. Michael in Burtscheid belongs to the, after the war, renewed buildings J.J. Couven's.

Früher Höhepunkt in Johann Joseph Couvens Lebenswerk: Die ehemalige Abteikirche St. Johann Baptist in Burtscheid.

Early climax in Johann Joseph Couven's life-work: The old abbey-church St. Johann Baptist in Burtscheid.

ihre Wohnhäuser bauen ließen. Auch einige Handwerksbetriebe ließen sich dort nieder.

Anders als in der Aachener Innenstadt mit ihren von römischen und mittelalterlichen Straßenzügen sowie von den Mauerringen eingeengten Bebauungen, konnte man hier großzügig planen. Ein rechtwinkliges Gitternetz von Straßen, an dessen Rand lediglich die Turpinstraße in die Diagonale ausbricht, bestimmt das Grundraster. Die heutige Oppenhoffallee und die Viktoriaallee bilden die Hauptachsen.

An diesen Straßen entstanden im Laufe der Jahre jene Bürgerhäuser, deren oft üppiger Schmuck ein Musterbuch der Baustile zu sein scheint und die heute, nach der erfolgten Revision unserer Einstellung zum 19. Jahrhundert, das Entzücken nicht nur der Bauhistoriker und Denkmalpfleger, sondern auch der Bewohner aus allen Schichten der Bevölkerung bilden. Es scheint, als habe die magische Anziehungskraft des Viertels auch heute noch etwas mit dem Ring der Fastrada zu tun…

Einbahnstraße

Ein Burtscheider „Schmuckstück" ist die Marienkapelle an der Berdoletstraße, ein neuromanischer Zentralbau mit Treppentürmchen.

A "jewel" of Burtscheid is the Marienkapelle in Berdoletstraße, a new roman building with small towers.

Es fällt schwer, aus der Fülle der schönen Häuser in dieser Gegend einzelne Objekte hervorzuheben. Zwar liegt mit Peter Ruhnaus Dissertation „Das Frankenberger Viertel in Aachen", die 1976 vom Landeskonservator Rheinland veröffentlicht wurde, eine beispielhaft gründliche Dokumentation aller historischen Bauten dieses Stadtviertels mit stilkritischen Untersuchungen und Vergleichen vor. Doch macht der für wissenschaftliche Arbeiten selbstverständliche Verzicht auf subjektive Wertungen diesen Band nur bedingt tauglich für eine Antwort auf die Frage, welches denn die wirklich schönen Häuser im Frankenberger Viertel sind. Hier werden Neigung und Geschmack des einzelnen immer zu unterschiedlichen Ergebnissen führen.

So mag denn jeder Interessierte selber nachprüfen, was seinem ästhetischen Empfinden eher entspricht und ihm Augenlust bereitet, die neuromanischen Häuser Viktoriaallee 45, 47 und 49 mit Pfarramt und Kaplanei von Herz-Jesu, die Häuser Oppenhoffallee 133 und 135 mit neugotischen Schmuckformen, der prächtige Neurenaissance-Bau Bismarckstraße 65 von 1887, der Eduard Linse zugeschrieben wird, das im selben Jahr von Linse entworfene neubarocke Haus Oppenhoffallee 18, das zum Glück durch eine Arkadenlösung im Erdgeschoß vor dem Abbruch bewahrte Eckhaus Bismarckstraße 176 mit seinem schönen Jugendstildekor aus dem Jahre 1905, das an der Einmündung der Goerdelerstraße eine wichtige Dominante bildet, oder die prächtigen Eckbauten Viktoriaallee 32 und 34, die den Jugendstil unterwegs zur Neuen Sachlichkeit zeigen. Man kommt ins Schwärmen, wenn man sich näher mit solchen Häusern befaßt und auskostet, was sie mit ihren beredten Fassaden an Selbstbewußtsein und Zeitgefühl ausdrükken. Erfreulich, daß die Eigentümer dieser Häuser in zunehmender Zahl die Kosten und Mühen auf sich nehmen, diese Baudenkmäler zu pflegen und teilweise ausgesprochen liebevoll herauszuputzen.

Freilich geht das nicht immer ohne Probleme ab. Im Falle des genannten Eckhauses Bismarckstraße/Goerdelerstraße blieb die Jugendstilfassade zwar erhalten, aber im Inneren des Gebäudes zwangen erhebliche Bauschäden und ständige Ausbesserungsarbeiten den Bewohnern einen Leidensweg auf, der sie verbittert von „Schlachtfeld" und „Bauskandal" reden ließ. Wer wollte bestreiten, daß schöne Fassaden allein noch keine schönen Häuser schaffen? (Abb. Seite 94, 97 und 99).
An den Wohnhäusern ist die Entwicklung vom Drei-Fenster-Bürgerhaus zum mehrachsigen Miethaus mit verändertem Grundriß deutlich ablesbar.

Nicht minder bemerkenswert ist aber auch der Sakralbau für die Charakteristik dieses Viertels. Zehn Jahre nach der schon erwähnten evangelischen Dreifaltigkeitskirche an der Zollernstraße, die der Architekt Reinhardt kurz vor der Jahrhundertwende mit historisierenden und Jugendstil-Schmuckformen austattete, entstand 1908-1909 am oberen Ende der Viktoriaallee die von Kleesattel entworfene neuromanische Werksteinbasilika der katholischen Pfarrkirche Herz-Jesu (Abb. Seite 98). Hier drückt sich in wuchtigen Formen das Bemühen aus, Gottes Haus nach mittelalterlichen Vorbildern zur festen Burg des Glaubens und zum optischen wie geistigen Zentrum der Gemeinde zu machen.

1750

Ihr Ursprung reicht bis in karolingische Zeit zurück: Die ehemalige Abteikirche in Kornelimünster mit der im 18. Jahrhundert angebauten Korneliuskapelle.

The origin we find in the Carolingian epoch: The old abbey-church in Kornelimünster, completed with the Korneliuskapelle in the 18th century.

Der Nuellenspavillon von Johann Joseph Couven im Burtscheider Kurgarten.

The Nuellenspavillon built by Johann Joseph Couven in the kurgarden of Burtscheid.

Leider fanden die Planer damals für diesen Zweck nur ein Grundstück am Rande ihres Areals, was, trotz des erhöhten Standorts, nicht eben als Ideallösung anzusehen ist.

Nach dem Rückgriff auf das Mittelalter ein Vorgriff auf futuristische Bauweisen von morgen: auch das gibt es im Frankenberger Viertel! Das Wagnis, in die vom Historismus des 19. Jahrhunderts geprägte Umgebung einen hypermodernen Verwaltungsgroßbau hineinzupflanzen, unternahmen in den siebziger Jahren die Vereinigten Glaswerke (Abb. Seite 80) mit dem Bau ihres neuen Firmensitzes. Das Ergebnis, 1978 fertiggestellt und inzwischen um einen zweiten Bauabschnitt erweitert, ist beispielhaft. Das Frankenberger Viertel ist durch diesen „Glaspalast" nicht etwa zerstört oder in seinem Charakter verändert, sondern um einen neuen Akzent bereichert worden.

Schon Ende der sechziger Jahre trug sich die Vegla mit Neubauplänen. Ihre französische Mutter, die Compagnie de Saint Gobain, hatte einst mit ihrer Zweigniederlassung in einem alten Patrizierhaus an der Viktoriaallee residiert. Nachdem das Gebäude im Krieg ausgebrannt war, richtete die Vegla 1945 ihre Verwaltung zunächst improvisiert in anderen Gebäuden des Frankenberger Viertels ein, etwa an der Oppenhoffallee. Doch diese Dezentralisierung, die sich am Ende auf 16 verschiedene Gebäude verteilte, konnte nur eine Übergangslösung sein. Ein von Mies van der Rohes

Chikagoer Büro entworfener niedriger Bürotrakt auf Stützen, die das Erdgeschoß weitgehend offen ließen, konnte nicht realisiert werden. Er wäre der erste und einzige Mies-van-der-Rohe-Bau in Aachen gewesen. Aber die hierzu benötigten Grundstücke waren nicht zu erwerben. Auch hätte man denkmalwürdige Bausubstanz abreißen müssen. So erhielten etwa ein Jahrzehnt später die Düsseldorfer Architekten Hentrich, Petschnigg und Partner die Chance, eine völlig neue Lösung zu entwickeln, die – Mies möge mir verzeihen! – einfach besser in die „Landschaft“ paßt als das Chikagoer Modell.

Als Bauherr trat die Aachener und Münchener Versicherung AG auf, der die Vereinigten Glaswerke ein Erbbaurecht auf ihrem Grundstück eingeräumt hatten. Selbstverständlich folgte die Planung den Vorstellungen des Grundstückseigentümers und späteren Mieters. Zu den üblichen Forderungen nach optimalen Arbeitsbedingungen für

Häusergruppe am Korneliusmarkt in Kornelimünster.

Groupe of buildings next to Korneliusmarkt in Kornelimünster.

die Mitarbeiter sowie nach Solidität, Flexibilität und Wirtschaftlichkeit gesellte sich bei den Vereinigten Glaswerken, dem führenden Hersteller von Flach- und Spezialglas für den Baumarkt und die Automobilindustrie, der Wunsch, an diesem Gebäude Glas als funktionellen und ästhetischen Baustoff deutlich sichtbar zu machen.

All dies ist gelungen, und zwar auf eine Weise, die den einen halben Straßenblock umfassenden Firmensitz der Vereinigten Glaswerke inmitten der schönen Häuser des Frankenberger Viertels zu einem Schmuckstück macht. Das Geheimnis heißt: Glas! Der vielfach gestaffelte Baukörper, der sich im Straßenbereich streng an die Fluchten und Bauhöhen der Umgebung hält, hebt sich dennoch unaufdringlich glänzend ab durch seine Fassade aus Aluminium und Glas. Durchsichtiges dominiert. 60 Prozent der gesamten Außenhülle des Gebäudes bestehen aus Glas. Glasverblendete Balkone vor den tiefgezogenen Fenstern lockern nicht nur die Fassaden auf, sie haben neben der ästhetischen Funktion einen praktischen Nutzen als Fluchtweg und Reinigungsbrücke. Selbstverständlich mußten Architekten, Klima- und Glastechniker das Problem der Beheizung und Lüftung lösen. Man entschied sich für das System der Abluftfassade mit individuell verstellbaren Sonnenschutzlamellen innerhalb einer Dreifachverglasung. Grüngetönte Außenscheiben filtern allzu grelles Sonnenlicht, hindern aber nicht am „Durchblick". Die leicht schimmernde Außenhaut reflektiert Himmel, Wolken und Häuser der Umgebung. Sie nimmt dem voluminösen Baukörper alles Massige und verleiht ihm einen Hauch von schwebender Leichtigkeit und Transparenz.

Die Baugeschichte des Frankenberger Viertels mit ihren wechselnden Stileinflüssen von der Gründerzeit bis zur Moderne wiederholt sich in Abwandlungen auch in anderen Stadtgebieten, wenngleich nicht mehr in dieser noch heute sichtbaren Geschlossenheit. Dabei entsteht eine Fülle schöner Häuser, nicht nur in den schon erwähnten Vierteln um Rehm- und Steffensplatz, sondern vor allem entlang des Alleenrings und in der Nähe des Lousbergs. Einige Beispiele mögen das belegen.

An der Heinrichsallee fallen Wohnhäuser wie die Gruppe Nr. 11, 13 und 17 mit Klinkerputzfassaden und Neurenaissance- oder Neubarock-Schmuckformen ebenso ins Auge wie der gepflegte Jugendstil des Hauses Nr. 60 aus dem Jahre 1904. Sorgfältig restauriert wurde in der Nähe des Hansemannplatzes das Haus Nr. 72, in dessen üppigen neubarocken Stukkaturen Putten ein Modell des Kölntores tragen. Durch dieses Tor in der mittelalterlichen Stadtmauer gelangte man einst auf eine der großen Ausfallstraßen, die nach Jülich und Köln führte, die heutige Jülicher Straße.

Der Charme des alten Hansemannplatzes mit seinem Blumenrondell und dem Hansemanndenkmal in einer eigenen Grünanlage ist dahin. Relikte der einstigen Kurviertel-Idylle, durch die heute der Verkehr brandet, sind die vor 1895 entstandenen viergeschossigen Häuser Monheimsallee 13 und 15 mit Neurenaissance- und neubarocken Fassaden. Ähnlich ansehnliche und gepflegte Häuser aus der Zeit um die Jahrhundertwende findet man jenseits des Kurparks am oberen Ende der Monheimsallee (Nr. 52 bis 62).

Noch üppiger wird es an der Ludwigsallee sowie in den angrenzenden Straßen am Fuße des Lousbergs. Seit in der napoleonischen Zeit der einst kahle Lousberg systematisch begrünt und durch Straßen und Wege erschlossen worden war, dehnte die Stadt sich auch hier immer weiter aus. In dieser bevorzugten Wohnlage bauten wohlhabende Bürger nicht nur die üblichen Drei- und später Vier-Fenster-Häuser, sondern zunehmend auch repräsentative Villen mit ausgedehnten Gärten. Bemerkenswert an der unteren Ludwigsallee ist das Häuserpaar Nr. 27 und 29 (Abb. Seite 105) mit reich geschmückten spätklassizistischen Fassaden aus dem Jahre 1873, wobei die Karyatiden im ersten Obergeschoß, vier schlanke, griechisch gewandete Mädchenfiguren, eine antike, in Aachen nicht eben häufig anzutreffende Form der Säulen- oder Halbsäulengestaltung aufnehmen.

Wer mit Muße und offenen Augen durch die Straßen am Fuß des Lousberges wandert, begegnet den Bauformen des ausgehenden 19. und des beginnenden 20. Jahrhunderts auf Schritt und Tritt, sei es in dem von Joseph Cramer 1871 geplanten burgartigen Eckhaus am Beginn der Lousbergstraße (Abb.

Das neue Haupthaus des Schwertbades in Burtscheid (Bildmitte) ist zusammen mit dem Oberhaus geschickt in die Hanglage des Adlerberges integriert.

The new main-building of the Schwertbad (in the middle) and the upper house are good integrated on the hill of the Adlerberg.

Verwaltungsneubau am Stadtrand: Das Direktionsgebäude der Aachener und Münchener Lebensversicherung AG an Robert-Schuman-Straße und Adenauerallee.

New administration building in the outskirts of the town: The mangement house of Aachen's and Munich's life insurance AG in Robert-Schuman-Straße and Adenauerallee.

Seite 107), sei es in dem neubarokken Eckhaus am Beginn der Kupferstraße, sei es in dem neubarokken Haus Försterstraße 27 mit repräsentativer Jägerfigur am Eingang oder den Jugendstilbauten Försterstraße 3 oder 14 (Abb. Seite 109). Ganz zu schweigen von den hochherrschaftlichen Villen der Nizzaallee (Abb. Seite 113), deren Repräsentationsbedürfnis sich auch in den aus jener Zeit stammenden Wohnbauten an der Krefelder Straße und an der Kardinalstraße findet.

Daß in dieser Umgebung Baulücken zunehmend mit mehr oder weniger nichtssagenden Neubauten gefüllt werden, die einfach der Funktion des Wohnens dienen, muß man als Realität hinnehmen. Um so mehr sticht ein eigenwillig um Stil bemühtes Wohnhaus wie das des Buchhändlers Helmut Falter, Nizzaallee 52 (Abb. Seite 111), ins Auge, das der mit historischen Bauformen vertraute Architekt Leo Hugot, bekannt auch als Dombaumeister und Stadtkonservator, auf Wunsch des Bauherrn 1967 im Charakter der Couvenzeit gebaut hat – eine in dieser von Stilzitaten wimmelnden Umgebung legitime Lösung. Sie wirkt nicht zuletzt deshalb so überzeugend, weil materialgerecht gearbeitet wurde. So konnten für die Blaustein-Gewände Originale von der Alsdorfer Burg erworben werden. Sogar auf die für diesen Baustil typische Aachener Dachrinne, die in das Gebäude eingekehlt ist, wurde nicht verzichtet. Das Gitter stammt von der nach dem Krieg abgebrochenen Gelben Kaserne.

Die schönste Erinnerung an Johann Joseph Couven ist ein Haus am Hang des Lousbergs, das von dem großen Aachener Baumeister selbst entworfen wurde, der sogenannte Kerstensche Pavillon (Umschlagabbildung). Er stand ursprünglich als Gartenhaus auf dem Grundstück des Fabrikanten Nikolaus Mantels am Annuntiatenbach 22–28, für den Couven schon 1737 ein Wohnhaus entworfen hatte.
Das Wohnhaus wurde nicht gebaut, dafür aber um 1740 das Gartenhaus mit Rampe, Treppe, Brunnen und Ziergitter. Sein letzter Eigentümer, Kersten, verkaufte das barocke Bauwerk samt Gartenanlage 1906 an die Stadt Aachen, die es ein Jahr später an den Hang des Lousbergs translozierte. Dort überdauerte es, wenn auch seiner kostbaren Vertäfelungen beraubt, den Zweiten Weltkrieg, diente vorübergehend als Wachstube für Besatzungssoldaten und wurde schließlich restauriert. In den kleinen Räumen des Dachgeschosses wohnte zeitweise der Aachener TH-Ordinarius und Architekt Rudolf Steinbach (1903–1966), von dem übrigens der Erweiterungsbau der TH-Architekturabteilung am Reiffmuseum in der Schinkelstraße und die Zentralfeuerwache in der Stolberger Straße stammen.
Da von Johann Joseph Couvens Originalbauwerken in Aachen nur noch wenig erhalten ist, muß man dankbar sein, daß dieses Gartenhaus am Lousberg vor der Zerstörung bewahrt blieb. Auch wenn bis auf die Stuckdecke nur noch Reste seiner originalen Ausstattung erhalten sind, so bleibt doch der Charme einer schön proportionierten Vor-Rokoko-Architektur, an der die Einflüsse französischer Vorbilder ablesbar sind.
Nach Paul Schoenen spiegeln Couvens Entwürfe für Gartenhäuser „die Stilgeschichte seines Lebenswerkes in anschaulichen Beispielen". Doch nicht alle Pläne wurden realisiert. In Aachen kennt man drei solcher Arbeiten, die für städtische Patrizierhäuser ausgeführt wurden. Neben dem Kerstenschen Pavillon ist nur noch eine weitere davon erhalten: der Nuellens-Pavillon (Abb. Seite 132) im Burtscheider Kurgarten.

Dieser sehr viel kleinere Bau mit Ziergiebeln, Mansarddach und Schweifhaube hat eine lange Wanderschaft hinter sich. Er wurde um 1740, also in der Entstehungszeit des Kerstenschen Pavillons, im Garten des Tuchfabrikanten Heinrich Heupgens am Foggengraben, dem heutigen Friedrich-Wilhelm-Platz, errichtet, und zwar auf dem Anwesen des ehemaligen Aachener Bürgermeisters Mauw. Aus dem Haus Mauw und dem Anwesen Heupgens wurde später das Hotel Nuellens. Als dieses in den zwanziger Jahren des vorigen Jahrhunderts seine Pforten schloß, um einem Büro- und Geschäftsneubau zu weichen, da schlug auch die Stunde des Nuellens-Pavillons: Man verlagerte ihn zum Haus Fey am Seilgraben, einem repräsentativen Stadthaus mit Ehrenhof, in dem Dr. Felix Kuetgens damals gerade das erste Aachener Couven-Museum einrichtete. Das Museum mit seinen Schätzen wurde im Zweiten Weltkrieg zerstört. Aus den Trümmern rettete man den Nuellens-Pavillon und gab ihm 1961 mit dem Wiederaufbau im Burtscheider Kurgarten eine neue Heimstatt. Dort kündet er nun im Schatten zweier bedeutender Sakralbauten Johann Joseph Couvens von der großen Zeit des Aachener Stadtbaumeisters im 18. Jahrhundert.

Wir sind in Burtscheid, jenem zweiten Ort des Aachener Talkes-

Auf Gut Diepenbenden wurde Alfred Rethel geboren, der im 19. Jahrhundert die Karlsfresken im Aachener Rathaus malte.

Here in Gut Diepenbenden was born Alfred Rethel in the 19th century. He painted the frescos of Charlemagne, which you find in the town hall of Aachen.

sels, wo heiße Quellen aus den Tiefen des Erdreichs sprudeln. Funde belegen, daß hier keltische Gottheiten verehrt wurden und römische Legionäre gebadet haben. Nach einer Schenkung Ottos III. im Jahre 997 gründete Abt Gregor von Kalabrien eine Benediktinerabtei, die 1220 von den Zisterzienserinnen übernommen wurde. Die Äbtissinnen und ihre Nonnen lenkten bis zur Säkularisierung unter Napoleon die Geschicke Burtscheids, wobei sie den Gewerbefleiß der Bewohner klug zu fördern wußten. So kommt es, daß die ältesten schönen Häuser von Burtscheid jene Zeit der Zisterzienser-Blüte widerspiegeln.
Bestimmend für die Silhouette Burtscheids ist die mächtige Kuppel der Abteikirche St. Johann (Abb. Seite 129), die von Dachreitern auf Chor und Langhaus flankiert und von einem eher schlanken Glockenturm in ihrer Fülle bestätigt wird. Johann Joseph Couven ersetzte durch dieses Bauwerk zwischen 1736 und 1754 die dreischiffige gotische Hallenkirche des 14. Jahrhunderts. Paul Schoenen sagt dazu: „Die Abteikirche St. Johann in Burtscheid ist Couvens erster Sakralbau und gleichzeitig die stilgeschichtlich bedeutendste Barockkirche zwischen Maas und Niederrhein. Sie bildet den frühen Höhepunkt in Couvens Lebenswerk, den er durch keinen Kirchenbau mehr erreicht hat.“
Dieses Urteil ist gewiß zutreffend, wie schon ein Vergleich mit der benachbarten Pfarrkirche St. Michael (Abb. Seite 128) zeigt. Sie wurde,

Markantes Zeugnis Burtscheider Geschichte: Das Abteitor am Abteiplatz.

Marked remembrance of Burtscheid's history: The abbey-gate near Abteiplatz.

Um einen Ehrenhof gruppiert sind die Barockgebäude der ehemaligen Abtei von Kornelimünster, heute Museum und Bundesarchiv.

The baroque buildings of the old abbey in Kornelimünster, today museum and federal archives.

Als „Märchen des Soerstals" hat Schloß Rahe wechselvolle Zeiten erlebt, bis es als Sitz der Aachener Rückversicherungs-Gesellschaft AG einer neuen Nutzung zugeführt und vor dem Verfall bewahrt werden konnte.

Called the "fairy-tale of the Soerstal": castle Rahe. Today it is a place of the reinsurance AG Aachen, so it is saved to be dilapitated.

ebenfalls im Auftrag der Burtscheider Äbtissin, in der Zeit von 1748–51 nach Plänen Johann Joseph Couvens anstelle einer kleinen romanischen Säulenbasilika gebaut. Jedoch erzwangen Sparmaßnahmen schon während des Baus einschneidende Veränderungen, denen im 19. Jahrhundert und beim Wiederaufbau nach dem Zweiten Weltkrieg weitere Eingriffe folgten. Dennoch bildet die Kirche mit ihrem 1891/92 errichteten und 1972/73 restaurierten Glockenturm einen wesentlichen Bestandteil der Stadtkrone über dem Burtscheider Tal. Die Architekten Peter Salm und Hans Küpper haben sich erfolgreich bemüht, Proportionen und typische Charakteristika des Bauwerks weitgehend zu erhalten, wobei das vereinfachte Satteldach statt des geschwungenen Mansarddachs als Kompromiß in Kauf genommen werden mußte.

Mit der Geschichte der Abtei verbunden ist auch das Jonastor (Abb. Seite 140) am Abteiplatz. Es ist ein dreigeschossiges Wohngebäude mit Portal, das die Äbtissin Henriette Raitz von Frentz 1644 als Eingang zum Abteigelände hat bauen lassen. Der schöne Backsteinbau mit dem Haustein-Sockel und den Blaustein-Gewänden und -Gesimsen, bekrönt von einem

Walmdach, setzt der sachlich-nüchternen Fassade des gegenüberliegenden Landesbades (Abb. Seite 121) aus dem Jahre 1912 einen Hauch von guter alter Zeit entgegen. Jedenfalls erinnert das Wappen der Äbtissin im Giebelaufsatz daran, daß hier einst die Nonnen das Regiment geführt haben.

Unterhalb am Burtscheider Markt setzt das alte Rathaus (Abb. Seite 119) aus dem Jahre 1823 mit dem Flachgiebel und den ionischen Pilastern im Obergeschoß einen unverkennbar preußisch-klassizistischen Akzent, was nicht hindert, den Bau heute als „Haus des Gastes" und als gute Stube des Kurbetriebs zu nutzen.
Gegenüber führt die Hauptstraße steil bergan. Von der Höhe des Krugenofens aus konnte man einst im Tal die Stadt Aachen liegen sehen, die man von Burtscheid aus durch das mächtige Marschiertor (Abb. Seite 65) betrat. Von der historischen Bebauung der Hauptstraße ist nur noch wenig erhalten geblieben. Als eines der ältesten Häuser Burtscheids hat das 1545 zuerst genannte Haus Hauptstraße 8 (Abb. Seite 118) den Zweiten Weltkrieg überdauert. Auffallend sind die Blausteingewände im Erdgeschoß und das zur Straße vorspringende Obergeschoß des weiß geschlämmten Backsteinbaus.

Ein Burtscheider „Schmuckstück" ist die Marienkapelle (Abb. Seite 130) an der Ecke Berdoletstraße und Gregorstraße. Die als „Filiale von St. Johann" geltende Kirche, die für kleinere Wochentagsmessen und Hochzeiten gern genutzt wird, entstand 1901–1903 als neuromanischer achteckiger Zentralbau mit doppelgeschossigem Umgang und Treppentürmchen zu beiden Seiten des Eingangs. Der Aachener Architekt Peters entwarf die Kapelle mit der Putzfassade und der schönen Werksteingliederung nach dem Vorbild der aus dem 12. Jahrhundert stammenden Kreuzfahrer- und Wallfahrtskapelle „Matthias" zu Kobern an der Mosel. Schon im 17. Jahrhundert stand hier eine von der Burtscheider Äbtissin errichtete Holzkapelle mit dem Bild der „Trösterin der Betrübten", gehütet von einem Einsiedler. Die neuromanische Kapelle wurde im Zweiten Weltkrieg schwer beschädigt, danach aber wieder aufgebaut. 1977 wurde sie um den kostbaren Schnitzaltar aus dem ehemaligen Mutterhaus der Christenserinnen in der Aureliusstraße, ein um 1899 in Köln entstandenes Werk mit Darstellungen aus dem Leben Jesu und der Gottesmutter, bereichert.

Sehr viel moderner, freilich auch bescheidener wirkt das Pfarrheim St. Johann an der Abteistraße 7, ein schlichter, weiß verputzter, zweigeschossiger Flachdachbau, dem nur Eingeweihte und Fachleute seine Herkunft ansehen: Er wurde 1930 von Rudolf Schwarz konzipiert, einem der bahnbrechenden Baumeister jener Zeit. Ihm verdanken wir u. a. die Soziale Frauenschule an der Robert-Schuman-Straße (1929–30) und die Fronleichnamskirche (1930) an der Düppelstraße, deren strenge Kastenbauweise in ihrer unbeugsamen Konsequenz und Logik formaler Vereinfachung der Sakralarchitektur des 20. Jahrhunderts entscheidende Impulse gegeben hat (Abb. Seite 117). Ohne solche für die damalige Zeit kühnen Kirchen wie die von Schwarz oder die von Otto Bongartz, der 1930 die Pfarrkirche Heilig Geist an der Körnerstraße entwarf, wären neuzeitliche Kirchenbauten wie die von Gottfried Böhm, der 1964 St. Hubertus, den sogenannten „Backenzahn", auf Hanbruch baute, kaum denkbar. Auch eine schlicht der neuen Liturgie angepaßte Kirche wie St. Gregorius in Burtscheid, 1967 von dem Kölner Architekten Stephan Leuer mit hoch aufstrebender Rundwand schützend gegen den anbrandenden Verkehrslärm der Eupener Straße gesetzt, profitiert von diesem Erbe.

Ein Herrensitz mit Kultur: Gut Höfchen am Höfchensweg.

A mansion with culture: Gut Höfchen in Höfchensweg.

Die Erneuerungsbewegungen jener Zeit, stark vom Bauhaus beeinflußt, schlagen sich auch im Wohnungs- und Siedlungsbau nieder. In den seit Mitte der zwanziger bis zum Beginn der dreißiger Jahre am damaligen Stadtrand gewachsenen Siedlungen Burtscheid, im Ostviertel und nahe der Jülicher Straße setzen sich erfolgreich Bestrebungen durch, die Monotonie einfallsloser Reihungen zu durchbrechen. Miet- und Einfamilienhäuser, wie man sie im Gillesbachtal (Abb. Seite 116), am Weingartsberg, am Branderhof, im sogenannten Panneschoppviertel rund um die Fronleichnamskirche oder an der Jo-

seph-von-Görres-Straße (Abb. Seite 114) findet, heben sich heute in ihrer aufgelockerten Bauweise und mit ihrer planerischen Qualität vorteilhaft ab gegen die Ballungs- und Hochhaus-Exzesse, wie sie in den sechziger und siebziger Jahren leider auch in Aachen sichtbar geworden sind.

Aus jener Zeit stammen auch zwei Industrie- und Verwaltungsbauten an der Jülicher Straße, die aus heutiger Sicht der Architektur der zwanziger Jahre eine gute Note ausstellen. Beim Direktionsgebäude der Schienenfahrzeugfabrik Talbot (Abb. Seite 115), das um 1925 an der Jülicher Straße 215 errichtet wurde, stützte sich der Architekt Becker zwar noch auf einen historischen Stil. Aber sein neubarockes Backsteingebäude, das mit der langgestreckten Front vornehm hinter die Fluchtlinie zurückgeht und sich auf zwei Geschosse beschränkt, verrät in den Proportionen wie in der gediegenen Ausführung Geschmack. Es gibt dem Industrieviertel einen Hauch bürgerlicher Noblesse.

Drei Jahre später, 1928, erproben die Architekten Bachmann und Lürken mit dem Neubau der Schirmfabrik Brauer (Abb. Seite 123) an der Jülicher Straße 87–109 die klaren, schnörkellosen Funktionen des Bauhauses, ohne jedoch ganz auf schmückendes

Wald und Wiese sind bei Haus Schoeller am Eberburgweg in das Gesamtkonzept mit einbezogen.

Forest and meadow integrated in the total complex of house Schoeller in Eberburgweg.

Beiwerk zu verzichten. Der langgestreckte, an der Straßenseite dreigeschossige Skelettbau ist im Sockel rot, in der übrigen Fassade gelb verklinkert. Die abgerundeten Ecken nehmen dem Bau etwas von der rationalen Strenge seiner Grundstruktur.
Möglicherweise wird aus dem Industriebau in den nächsten Jahren ein Weltzentrum moderner Kunst. Entsprechende Pläne, das denkmalwürdige Bauwerk umzufunktionieren und es anstelle des ursprünglich vorgesehenen Museumsneubaus an der Monheimsallee zur Heimstatt der zeitgenössischen Sammlung Ludwig zu machen, wurden 1986 ernsthaft diskutiert. Man wird sehen, was daraus wird. Fabriken haben ihren Reiz... So übertrieben die nostalgische Neigung zur Umwidmung alter Industriebauten in Kulturzentren erscheinen mag, so wenig ist zu beklagen, daß man aus Fehlern der Vergangenheit Konsequenzen zieht und Neubauprojekte kritischer unter die Lupe nimmt. Wären die ursprünglichen Pläne einer Düsseldorfer Anlagefirma realisiert worden, hätten die Bauleute das ehemalige Fabrikgelände der Schumag am Burtscheider Adlerberg in ein Klein-Manhattan mit 13stöckigen „Wolkenkratzern“ verwandelt. Zum Glück für das Kurviertel und die Bewohner blieb es am Ende bei höchstens sechs Stockwerken in aufgelockerter Bauweise — ein gerade noch vertretbarer Kompromiß.

Geradezu genial gelöst wurde die Erweiterung des Schwertbades (Abb. Seite 136) zwischen Burtscheider Markt und Adlerberg, die 1985 abgeschlossen wurde. Der Aachener Architekt Michael Weiss „versteckte“ das achtstöckige Haupthaus mit dem neuen Therapiezentrum zwischen dem alten Stammhaus am Markt und einem relativ niedrigen „Oberhaus“ an der Benediktinerstraße, wobei er die Hanglage geschickt zu einer abgestuften Bauweise nutzte. So entstand in unmittelbarer Nachbarschaft der Rheumaklinik Aachen – deren denkmalgeschützter Bau aus dem Jahre 1912 den Burtscheider Markt beherrscht – ein Kurhotel mit modernsten medizinischen Einrichtungen, aber auch mit üppigen Suiten für anspruchsvolle Gäste aus dem In- und Ausland. Von der Benediktinerstraße aus wirkt der Neubau durch noble Zurückhaltung. Er setzt sich nicht aufdringlich in Szene, sondern er läßt dem Blick Freiraum zum Schweifen. Die funktionelle Qualität des raffiniert verschachtelten Gebäudekomplexes erschließt sich erst innen.

Hier begegnet man auch den Spuren der Geschichte, die den Burtscheider Badebetrieb bis in die Zeit der Römer und Kelten zurückverfolgen lassen. Ein ausgegrabener Weihestein hat den Namen der Römerin Marcia Verecunda als den des ersten namentlich bekannten Kurgastes überliefert, während der berühmte Apollo-Weihestein des römischen Hauptmanns Lucius Latinius Macer aus der IX. Legion Hinweise auf einen noch im 2. Jahrhundert an den Aachener und Burtscheider Quellen gepflegten Kult um den keltischen Heilgott Grannus gibt. Die Burtscheider nehmen für sich in Anspruch, damals das Offiziersbad beherbergt zu haben, während die gewöhnlichen Legionäre in Aachen am Büchel badeten. Immerhin sprudelt im Schwertbad die mit 74 Grad Celsius heißeste Quelle Mitteleuropas.

Woher aber der Name Schwertbad? Urkundlich erwähnt wird er erstmals 1499, aber gebadet wurde hier schon immer, so nach einer Aufzeichnung des Jahres 1382 im Badehaus „Zum heißen Stein". Wie es zum Schwertbad wurde, ist nicht genau bekannt. Der Sage nach soll auch hier, genau wie beim Dombau zu Aachen, der Teufel seine Hand im Spiel gehabt haben.

Der zauberkundige Herr mit dem Pferdefuß, so heißt es, sei einst im Wald zwischen Aachen und Burtscheid unter einem umgestürzten Baum eingeklemmt gewesen. Als ein starker Schmied ihn aus seiner mißlichen Lage befreite, zeigte sich der Teufel erkenntlich. Mit seiner Zauberfeder brachte er eine im Tal sprudelnde Quelle zum Sieden und unterwies den Schmied in der Kunst, seine Schwerter beim Schmieden mit dem heißen Schwefelwasser zu härten. Als man später über der Quelle ein Badehaus errichtete, nannte man es Schwertbad. Das klingt so plausibel, daß man schlecht beraten wäre, wollte man den Witz der Geschichte durch kritisches Nachbohren in Frage stellen. Schließlich ist es bezeichnend für die Burtscheider, daß sie nie so „lues" (schlau) waren wie die Aachener, die sich vom Teufel eine Seele abhandeln und dann – nachdem sie ihn geprellt hatten – den Lousberg vor die Haustür kippen ließen...

Nicht mit dem Teufel zugegangen ist es nachweislich beim Bau des Direktionsgebäudes der Aachener und Münchener Lebensversicherung AG (Abb. Seite 137). Zwar blieb der Plan des Unternehmens, seiner seit 1980 in Aachen konzentrierten Verwaltung ein neues Domizil im Grünen zu geben, nicht ohne Widerspruch. Anlieger und Landschaftsschützer befürchteten einen allzu brutalen Eingriff in die friedliche, von Einfamilienhäusern, Schrebergärten und Sportanlagen geprägte Umgebung. Aber das von dem Düsseldorfer Architektenbüro Hentrich, Petschnigg und Partner entworfene, 1984 fertiggestellte Gebäude ist kein protziger „Versicherungs-Palast", sondern ein „heiteres, helles Haus, das nach ästhetischen Gesichtspunkten konstruiert" wurde. Obwohl es sich auf einem ehemaligen Wiesengrundstück von rund 15.000 Quadratmetern zwischen Robert-Schuman-Straße, Spaakallee und Adenauerallee erstreckt und obwohl das Gebäude allein 141 Meter Straßenfront beansprucht, wirkt es nicht massig und erdrückend. Vielmehr folgt die kammartig verzahnte Anlage mit ihren drei bis vier Geschossen der „luftigen" Struktur der Umgebung. Helle Klinker, klar gegliederte Glasflächen, ein abgeschrägtes Kupferband als Übergang zum Flachdach, dazu viel Grün ringsum – so behauptet der Bau auf der Höhe nahe der Siegeler Straßenkreuzung zwar dezent eine dominierende Stellung, aber er beleidigt nicht das Auge, sondern er versöhnt und verwöhnt es mit der Schönheit einer gelungenen Architektur.

Die Kreuzung – ein Kreuzweg für den Autor! Wohin sich wenden bei dem noch ausstehenden Streifzug durch die Umgebung der Altstadt? Wie die Fülle der schönen Bauten rings um Aachen fassen? Wie der in Häusern, Höfen und Schlössern, in Kapellen, Kirchen und Klöstern konservierten Geschichte vom Werden und Wachsen der eingemeindeten Stadtteile gerecht werden, die nie aufgehört haben, ihr Eigenleben zu führen?

Die Flucht in die vierte Dimension der Zeit widerlegt zwar nicht den sicherlich berechtigten Vorwurf der Willkür bei der Auswahl typischer Beispiele, aber sie erlaubt uns mit dem Sprung von der Gegenwart in die Vergangenheit gleichzeitig den Szenenwechsel von einer Abtei zur anderen, nämlich von Burtscheid nach Kornelimünster (Abb. Seite 133). Können Sie folgen?

Das ehemalige Zollhaus „Barrière" an der Rathausstraße in Laurensberg.

The old custom-house Barrière next to Rathausstraße in Laurensberg.

Schon in der Römerzeit gab es in der Nähe der heutigen Bergkirche von Kornelimünster einen Tempelbezirk, Varnenum genannt. Er befand sich oberhalb der Stelle, an der die Straße von Jülich nach Dinant durch eine Furt die Inde überquerte. Im Jahre 814 stiftete Ludwig der Fromme ein Kloster, das am Ufer der Inde als Musteranlage nach den Vorstellungen des Abtes Benedikt von Aniane gebaut werden sollte. Damit begann die Geschichte der Abtei und des Wallfahrtsortes Kornelimünster.

Die Kirche, ausgestattet mit bedeutenden Reliquien, wurde seit der Gründung in karolingischer Zeit immer wieder erweitert und umgebaut, ähnlich wie der Aachener Dom. Die heute fünfschiffige Anlage zeigt im Mittelbau noch die Proportionen der ottonischen Basilika aus dem 10. Jahrhundert. Erweiterungen folgten im 14., 15. und 16. Jahrhundert. Besonders charakteristisch ist das 1706 dem Mittelchor angefügte Oktogon der Korneliuskapelle, in deren Altar die Reliquien des hl. Kornelius und des hl. Cyprianus aufbewahrt werden.

Die barocke Kirchenausstattung stammt zum Teil von dem Aachener Stadtbaumeister Johann Joseph Couven. Im Rhythmus der Aachener Heiligtumsfahrten ist Kornelimünster seit dem Mittelalter bis heute alle sieben Jahre Ziel frommer Pilger, denen die von Ludwig dem Frommen aus dem Aachener Reliquienschatz in die Obhut des Klosters gegebenen Heiligtümer, das Schürz-, das Grab- und das Schweißtuch des Herrn, gezeigt werden.

aus Blaustein bis zum klassizistischen Rathaus des Baumeisters Ulich am Korneliusmarkt 3, in dem sich heute die Stadtsparkasse befindet. Der Kuriosität halber sei auch das Wohngebäude Benediktusplatz 17 erwähnt, das mit 2,42 Meter Straßenfront als das schmalste Haus in Nordrhein-Westfalen gilt.

Wenn unter den vielen schönen Häusern Kornelimünsters ei-

Die Seffenter Burg an der Schurzelter Straße in Laurensberg birgt in ihren alten Mauern 14 moderne Wohnungen und ein Restaurant.

Seffent Castle, next to Schurzelter Straße in Laurensberg, contains behind the old walls 14 modern apartments and a restaurant.

Die Häuser rings um die Kirche am Korneliusmarkt (Abb. Seite 134) und am Benediktusplatz zeigen in unvergleichlich schöner Ensemblewirkung alle Stile des Profanbaus seit dem 16. Jahrhundert, darunter maasländische Fachwerkarchitektur, Bauten aus Dolomit-Bruchsteinen der Umgebung, Fenster- und Türgewände, gelegentlich auch Sockel oder ganze Fassaden

nes noch besonders hervorgehoben zu werden verdient, so ist es das Gebäude der alten Abtei (Abb. Seite 140) hinter der Kirche. Von der einstigen karolingischen Gründung sind nur noch Mauerreste vorhanden. An das mittelalterliche Kloster erinnert ein Bruchstein-Torbau mit einem kleinen anschließenden Trakt aus dem Jahre 1498. Das heutige Abteigebäude ist eine barocke Schöpfung, die im Jahre

1721 unter Abt Hyazinth Alphons Graf von Suys (1713–1745) begonnen und unter seinem Nachfolger fertiggestellt wurde. Sie folgt dem französischen Muster eines Barockschlosses mit einem Mittel- und zwei Seitenflügeln, die einen Ehrenhof einschließen. Die mit Stukkaturen, Fresken und Bildern ausgestatteten Räume der Fürstäbte dienten nach der Säkularisation unter Napoleon als Wohnung eines Tuchfabrikanten, als Lehrerseminar und als Heimatmuseum. Der heutige Eigentümer der Abtei, das Land Nordrhein-Westfalen, hat die Gebäude sorgfältig restaurieren lassen. Während Teile der Anlage mit dem Bundesarchiv der ehemaligen Wehrmacht gefüllt sind, wurde im repräsentativen Mitteltrakt der modernen Kunstsammlung des Landes Nordrhein-Westfalen ein Domizil gegeben. Besucher der ständigen Ausstellung erleben zeitgenössische Kunst in reizvoll-kontrastreichem Dialog mit dem barocken Ambiente.

Einst Ritterburg und Herrensitz, heute Bürgerhaus, Kulturzentrum und Restaurant: Schloß Schönau in Richterich.

Once knight's castle and manor house, today civil-house, cultur centre and restaurant: castle Schönau in Richterich.

Im Stadtteil Haaren verdient neben dem markanten, arkadengeschmückten Zehnthof (Abb. Seite 124) aus dem 17./18. Jahrhundert an der Alt-Haarener Straße die Welsche Mühle (Abb. Seite 125) an der Mühlenstraße Beachtung. Die vierflügelige Hofanlage stammt im Kern aus dem 16. Jahrhundert. Sie wurde mehrfach umgebaut und ergänzt und Mitte der siebziger Jahre als Altentagesstätte, Kulturzentrum und Begegnungsstätte für die Bürger einer neuen Nutzung zugeführt. Bei der Restaurierung der Gebäude war man bemüht, die alte, vom Haarbach betriebene Wassermühle, die bis 1961 noch in Betrieb war, als Kulturdenkmal zu erhalten. Dies ist in vorbildlicher Weise gelöst worden. Das Mahlwerk, dessen Getriebe und Zahnräder ganz aus Holz bestehen, ist wieder funktionsfähig und gehört als ständiges „Ausstellungstück“ zu den Attraktionen des Hauses, in dem Feste gefeiert werden und zeitgenössische Künstler ihre Werke zeigen.
Woher das schon im alten Aachener Reich recht stattliche Mühlen-Dorf Haaren seinen Namen hat, ist ungewiß. Jedenfalls erscheint die Ableitung vom Haarbach wahrscheinlicher als ein Zusammenhang mit dem Geschlecht derer van Harens aus dem Valkenburger Land, die in Aachens Stadtgeschichte eine gewisse Rolle spielen. Immerhin erwähnt eine Urkunde des Jahres 1437 die Familie van Haren als Eigentümer des weit vor den Toren Aachens, kurz vor Haaren liegenden Rittergutes Kalkofen (Abb. Seite 127).

Diese Anlage, bei der Belagerung Aachens durch spanische Truppen im Jahre 1582 schwer beschädigt, erfuhr eine Renaissance in der Couvenzeit. Der Aachener Fabrikant und spätere Bürgermeister Johann von Wespien kaufte das Gut und ließ es von Johann Joseph Couven, der für ihn schon an der Kleinmarschierstraße ein prunkvolles Bürgerhaus gebaut hatte, als Landsitz herrichten. In den Jahren 1750–1753 öffnete Couven das Geviert des Hofes im Norden zu einem großen Ziergarten und gab dem südlichen Trakt mit dem Torturm und der steinernen Brücke barocke Züge. Nach Westen hin entstand das stattliche Herrenhaus mit dem Doppelwappen des Hausherrn im Schweifgiebel vor dem Mansarddach, wobei freilich der Anschluß an den sehr viel niedrigeren Südtrakt nicht überzeugend gelang.
Gegen Ende des 18. Jahrhunderts diente Gut Kalkofen dem als „Held von Gibraltar“ gefeierten englischen General George August Elliot als Wohnsitz. Er bezog es 1789, in der Hoffnung, in den berühmten Aachener Bädern seine Kriegsleiden ausheilen zu können. Aber die Hoffnung trog. Schon im Juni 1790 starb er in Aachen. Man begrub ihn zunächst im Park seines Anwesens. Erst einige Jahre später wurde sein Leichnam in die englische Heimat übergeführt.
1831 schließlich gelangte Gut Kalkofen in den Besitz der Aachener Familie Zurhelle, deren Nachfahren sich nach dem Zweiten Weltkrieg tatkräftig für den Wiederaufbau eingesetzt haben.

Ein ungleich wechselvolleres Schicksal erlebte ein anderes Anwesen, das man als „Perle der Soers“ und „Märchen im Soerstal“ bezeichnet hat: Schloß Rahe (Abb. Seite 141). Auch hier war eine angesehene Aachener Fabrikantenfamilie im 18. Jahrhundert Auftraggeber des spätbarocken Neubaus, der die alte Wasserburg auf Laurensberger Gebiet ersetzte. Es war der Ratsherr und Färbereibesitzer Gerhard Heusch, der im Jahre 1784 das alte Anwesen für 1233 Louisdors

Außenmauern und Fenster der ehemaligen gotischen Kreuzherrenkirche in Aachen-Sief sind geblieben. Innen wurden moderne Wohn- und Atelierräume eingebaut.

Frontwalls and windows of the old gothic Kreuzherrenkirche in Aachen-Sief, inside were built modern apartments and ateliers.

von dem Schöffen Friedrich von Pelser-Berensberg erwarb. Er ließ den alten Bau abreißen und an seiner Stelle ein Schloß errichten, in dessen kostbar ausgestatteten Räumen schon bald höfischer Glanz das bürgerliche Selbstbewußtsein heben sollte. Als sich im Jahre 1818 die Monarchen Preußens, Rußlands und Österreichs zum großen Friedenskongreß in Aachen trafen, um die nach der Niederwerfung Napoleons ausgehandelte Neuordnung Europas feierlich zu besiegeln, mietete sich Zar Alexander I. für drei Monate auf Schloß Rahe ein und entfaltete als Gastgeber von Angehörigen der Zarenfamilie, aber auch des Kaisers Franz von Österreich und anderer Kongreßteilnehmer im Soerstal Petersburger Pracht. Ein Vierteljahrhundert später ließ die Witwe des ersten niederländischen Königs, Wilhelms I., das Schloß durch Vermittlung ihrer Schwester Pauline für sich erwerben. Die „Gräfin von Nassau", einstige Gräfin Henriette d'Oultremont, durch königliche Morgengabe von 13 Millionen Gulden und reiche Witwenrente aller finanziellen Sorgen ledig, machte ab 1844 für rund zwei Jahrzehnte das Schloß zum Schauplatz prunkvoller Hofhaltung und üppiger Feste. Zu den bevorzugten Gästen gehörte ihre Stieftochter, Prinzessin Marianne von Preußen.

Nach ihrem Tode verkauften die Erben Teile des reichen Grundbesitzes. Das Schloß stand lange leer. Schließlich erwarb Konradin Startz es im Jahre 1898 für 110 000 Mark, jedoch mußte er bedeutende Mittel aufwenden, um es wieder bewohnbar zu machen. Ihm folgte bald Landrat Haniel als Eigentümer, bis schließlich im Jahre 1906 der Generaldirektor der Stolberger Zink AG, Geheimrat Dr. Victor Weidtman, das Anwesen übernahm, Großvater eines bekannten Aachener Bankiers und niederländischen Konsuls, der zehn Jahre später, 1916, auf Schloß Rahe geboren wurde: Hugo Cadenbach.

Das Schloß überstand den Zweiten Weltkrieg und wurde zuletzt von der belgischen Besatzung in Anspruch genommen. Nachdem die Erben der Familie Weidtman es 1960 an eine Wohnbaugesellschaft verkauft hatten, begann eine Phase der Unsicherheit und des Verfalls. Wer wollte um jene Zeit noch in einem alten Schloß wohnen? Wer konnte es sich leisten, solch ein Gebäude zu unterhalten? Während Teile des ausgedehnten Schloßparks als Baugrund für neue Wohnungen abgezwackt wurden, versuchte man, in dem alten Gebäude ein Hotelrestaurant zur Blüte zu bringen. Auch die Jünger der „Transzendentalen Meditation", die 1978 Schloß Rahe in eine feudale „Residenz des Zeitalters der Erleuchtung" umzuwandeln trachteten, verschwanden bald im Dunkel der Vergessenheit.

Nach Konkurs, Zwangsversteigerung und gescheiterten Wiederbelebungsversuchen trat schließlich als neuer Käufer des Anwesens die Aachener Rückversicherungs-Gesellschaft auf den Plan, ein Unternehmen, bei dem sich Versicherungen aus aller Welt gegen ihre Risiken rückversichern. Jetzt wurden endlich Nägel mit Köpfen gemacht. Nach den Plänen der Düsseldorfer Architekten Hentrich, Petschnigg und Partner und in Zusammenarbeit mit dem Aachener Architekten Wolfgang Laupichler entstand ein neues Konzept. Aus dem ehemaligen Schloß wurde ein Verwaltungsbau. Dabei wurden die historischen Teile der Anlage, nämlich der vordere Süd- und der angrenzende Westflügel, weitgehend unverändert übernommen. Die beiden erst später angefügten Nord- und Ostflügel mit Wirtschaftsgebäuden und Stallungen wurden niedergelegt und durch einen geschickt mit dem Altbau verbundenen Bürotrakt ersetzt. Der einst offene Innenhof ist jetzt überdacht und dient als weitläufiges, repräsentatives Foyer. In den ehemaligen Schloßräumen mit den kostbaren, zum Teil von Gagini stammenden Stukkaturen stehen jetzt Schreib- und Konferenztische. Wo fürstliche Hoheiten residierten, brüten Versicherungskaufleute über Zahlenwerken. Statt der Champagnergläser klinge(l)n die Telefone. So ändern sich die Zeiten…

Ganz in der Nähe hat Wolfgang Laupichler 1986 im Auftrag der Aachener Rückversicherungs-Gesellschaft ein weiteres denkmalgeschütztes Gebäude, das im Kern aus dem 15. bis 16. Jahrhundert stammende dreigeschossige Wohnhaus Schloß-Rahe-Straße 12 am Wildbach, einer neuen Nutzung zugeführt, die den Bestand der alten Substanz sichert. Das ausgekernte und innen völlig neugestaltete Gebäude dient jetzt als hochmodernes Architektenbüro.
Das ist wohl das Schicksal schöner, alter Bauten zu allen Zeiten gewesen: Sie müssen es sich gefallen lassen, daß jeder neue Eigentümer

Während die Wirtschaftsgebäude des Guts Muffet an der Simpelvelder Straße in eine moderne „Wohnlandschaft" verwandelt wurden, blieb das alte Herrenhaus aus dem 18. Jahrhundert erhalten.

The old outhouses of Gut Muffet next to Simpelvelder Straße, were changed in modern buildings. But the old manor-house of the 18th century exists in the old style.

über eine sinnvolle Nutzung nachdenkt und dabei Vorstellungen entwickelt, die von denen der Vergangenheit abweichen. Es gehört zu den schwierigsten, aber sicher nicht gering einzuschätzenden Aufgaben für einen Architekten, die daraus folgenden Veränderungswünsche mit Stilempfinden und Geschmack zu realisieren.

Hierfür gibt es eine ganze Reihe bemerkenswerter Beispiele. In Laurensberg ist es die Burg Seffent (Abb. Seite 148), deren Geschichte bis in die karolingische Zeit zurückreicht und deren heutige Bausubstanz bis in die Zeit des 30jährigen Krieges zurückführt. Das Gemäuer, vom Verfall bedroht, wechselte nach dem Krieg mehrfach den Besitzer. Erst 1985 konnte nach vielen vergeblichen Anläufen die Restaurierung beendet werden, nachdem eine Firmengruppe 14 Wohnungen und ein Restaurant in der Burg hatte einrichten lassen. Heute tafeln die Gäste des Restaurants gediegen im ehemaligen Kartoffelkeller und die Mieter genießen die rustikale Atmosphäre des Burghofes.

Nicht ganz so heruntergekommen wie die Burg Seffent, doch ebenfalls vom Verfall bedroht war lange Jahre das Wasserschloß Schönau (Abb. Seite 149) in Richterich. Seine Geschichte reicht weit ins Mittelalter zurück. Herren der ehemaligen Burg waren zunächst die Pfalzgrafen von Aachen. Im Jahre 1252 wird erstmals ein Herr von Schönau als Eigentümer genannt. Auf seinem Anwesen wurde im Jahre 1280 der Frieden zwischen Aachen und Jülich besiegelt, nachdem in der Gertrudisnacht des Jahres 1278 Aachener Bürger den mit seinen Reitern in die Stadt eingedrungenen Grafen Wilhelm IV. von Jülich in der Jakobstraße erschlagen hatten. Im 14. Jahrhundert erwies sich ein Reinhard von Schönau als wahres Finanzgenie, das seinen Besitz durch geschickte Geschäfte und Tauschmanipulationen zu erweitern wußte. Bis schließlich im Jahre 1732 Johann Gottfried von Blanche als neuer Besitzer von Aachens Stadtbaumeister Laurenz Mefferdatis auf den Grundmauern der alten Burg den heutigen Barockbau errichten ließ, der 1836 durch Anbauten nach hinten erweitert wurde. Als letzter Schloßherr richtete Carl Freiherr von Broich in den unteren Räumen des Gebäudes ein Privatmuseum mit kostbaren Möbeln und Fayencen aus der Couvenzeit ein.

Seine Erben verkauften Schloß und Ländereien 1964 an die Gemeinde Richterich, die einen Teil des Grundbesitzes zur Erschließung neuer Wohngebiete nutzte. Der Plan, in dem alten Schloß das Rathaus einzurichten, wurde durch die kommunale Neugliederung des Jahres 1972 überholt. Als neue Eigentümerin des Anwesens leitete die Stadt Aachen in enger Zusammenarbeit mit der Bezirksverwaltung von Richterich die Sanierung und Restaurierung des vom Hausschwamm befallenen Gebäudes ein. 1980 konnte das wertvolle Baudenkmal der Barockzeit dem Stadtteil Richterich als Bürgerhaus und Kulturzentrum übergeben werden. Ein Restaurant im Untergeschoß lädt ein zu kulinarischen Genüssen in historischem Rahmen.

Schloß Schönau ist eines von vielen Beispielen behutsamer Denkmalpflege, die in den vergangenen Jahren manchem schönen Haus die Runzeln des Verfalls genommen und ihm seinen alten Glanz zurückgegeben hat. Dies gilt für viele Gebäude in öffentlichem Eigentum, darunter auch das ehemalige Zollhaus Barrière (Abb. Seite 147) an der Rathausstraße in Laurensberg – aber auch für zahlreiche private Anwesen, deren Eigentümer neben persönlichem Engagement erhebliche Mittel aufwenden mußten, um erhaltenswerte Bausubstanz zu retten.

Von den zahlreichen Herrensitzen und Gehöften in und um Aachen, die fast alle aus dem einen oder anderen Grund in die Riege der „schönen Häuser“ einzureihen wären, seien einige stellvertretend genannt. Da ist die ehemals wasserumwehrte Dreiflügelanlage Diepenbenden (Abb. Seite 139) am gleichnamigen Stauweiher, im Kern aus dem 17. Jahrhundert mit Anbauten des 19. Jahrhunderts, berühmt als Geburtshaus Alfred Rethels, Schöpfer der Aachener Rathausfresken. Nicht weit davon sind die vierflügeligen Hofanlagen Tönnesrath und Chorusberg, an anderer Stelle auch Güter wie Branderhof, Colynshof, Entenpfuhl, Grenzhof, Hochgrundhaus, Melaten und Schöntal imponierende Zeugnisse solider Baukultur inmitten bewirtschafteten Landes. An einem Anwesen wie Gut Höfchen (Abb. Seite 143) am Höfchensweg sind die Bauspuren vieler Jahrhunderte abzulesen, zuletzt die des 19. Jahrhunderts und der Jahrhundertwende. Geblieben ist der unver-

Modernes Wohngebäude in aktualisiertem Bauhausstil an der Kaiser-Friedrich-Allee.

Modern Bauhaus style dwelling-house in Kaiser-Friedrich-Allee.

Wohnen in halbgeschossig versetzten, ineinander verschachtelten Ebenen: Haus Jung am Fichthang.

To live in half-floor-displaced apartments: house Jung next to Fichthang.

gleichlich schöne, von den heutigen Eigentümern sorgfältig gepflegte Park mit Fischweihern, Schwänen und exotischen Gehölzen als Ausdruck der engen Bindung zur Natur, die auch dem Stadtbürger nicht abhanden gekommen ist.
In anderen Fällen waren gravierende Eingriffe erforderlich, um alte Bausubstanz in Kombination mit zeitgenössischen Lösungen wenigstens teilweise zu retten. Es kommt nicht von ungefähr, daß in solchen Fällen Architekten vielfach nicht nur als Planer, sondern auch als Bauherren auftreten, offenbar weil hier ein besonderes Maß an Engagement erforderlich ist. So konnte Professor Fritz Eller von dem vierflügeligen Backsteinhof Gut Muffet (Abb. Seite 153) an der Simpelvelder Straße nur das zweistöckige Herrenhaus aus dem 18. Jahrhundert unverändert erhalten, während die zum Teil jüngeren Wirtschaftsgebäude ausgekernt und zu einem modernen Wohnbau umgestaltet wurden, ohne die Gesamtwirkung der Anlage zu beeinträchtigen.

Eine ähnlich beispielhafte Umnutzung gelang dem Aachener Architekten Heinz Nattler mit der 1485 konsekrierten Kirche des ehemaligen Kreuzherrenklosters (Abb. Seite 151) Brandenburg in Aachen-Sief. Der turmlose Bruchsteinbau mit vermauerten Spitzbogenfenstern, der zuletzt als Scheune und Stall gedient hatte, wurde unter Beibehaltung des äußeren Erscheinungsbildes innen völlig umgestaltet. Es entstanden drei voneinander getrennte Wohn- bzw. Gewerbebereiche, wobei in jeder dieser drei Einheiten der Hallencharakter der Gesamtkirche erkennbar blieb und die Rasterung des Gesamtbaukörpers sich der Reihung der gotischen Fensterelemente anpaßte. Im Bereich des Planers wurde die sonst übliche Trennung zwischen Wohnen und Arbeiten zugunsten einer offenen Ateliersituation aufgegeben. Treppen und Galerien, aber auch eine organisch integrierte Raumausstattung schaffen natürliche Übergänge und Funktionszonen. Eine beispielhafte Kombination historischer Bausubstanz mit zeitgemäßem Lebensstil am romantischen Ufer des Iterbachs!

Diese wahrhaft spannungsreiche Begegnung zwischen alt und neu bestätigt die Erkenntnis, daß Historie allein noch keine Schönheit, Alter an sich noch keine Qualität begründen. Es muß schon einiges mehr zusammenkommen, ehe man von „schönen Häusern" sprechen kann, unabhängig von ihrer Entstehungszeit. Vor allem dies: Die Übereinstimmung von Form und Funktion.
Daß eine solche Forderung zu ebenso individuellen wie ästhetisch und funktionell überzeugenden Lösungen führen kann, wenn Bauherr und Planer sich auf „gleicher Wellenlänge" begegnen, möge abschließend an drei Beispielen nachgewiesen werden.

Nicht weit von Haus Ficht, dem ehemaligen Burghaus Clahsen, das um die Jahrhundertwende auf einem ausgedehnten Parkgelände am Preusweg (heute Fichthang 20) im Stil einer romanisch-gotischen Burg in die Landschaft gepflanzt wurde, legt das 1973 von dem Kölner Architekten Prof. Erich Schneider-Wessling für die Familie des Arztes Prof. Dr. Hugo Jung gebaute Wohnhaus Fichthang 9 (Abb. Seite 155) Zeugnis ab für einen zeitgemäßen Bau- und Wohnstil. Statt eines aufwendigen Repräsentationsgebäudes fügt sich ein von der Straßenseite eher bescheiden wirkender Funktionsbau organisch an den

Hang. Seine Qualität als großzügig gegliederte „Raumlandschaft“, in der die verschiedenen Wohn- und Funktionszonen, in den Höhen halbgeschossig versetzt, ineinander übergehen, erschließt sich erst innen. Helle, lichte Räume mit großzügigen Öffnungen und Terrassen zur Gartenseite vermeiden jeden Anschein von Konformität und Langeweile.

Daß die rechtwinklige Strenge einer von Bauhaus-Ideen beeinflußten Architektur planerische Phantasie nicht ausschließt, beweist das von dem Aachener Architekten Dieter Neikes für den Arzt Prof. Dr. Peter Strauss 1985 gebaute Wohnhaus Kaiser-Friedrich-Allee 19 (Abb. Seite 155). Zwar fällt das von einander durchdringenden Kuben bestimmte Gesamtobjekt optisch aus dem Rahmen, aber die Auflösung und Gliederung der Flächen durch Glas sowie die Einbettung in den vorhandenen Baumbestand signalisieren die Bereitschaft zum Dialog von Gebautem mit Gewachsenem. Diese Grundfunktion des Wohnens wird auch in den Innenräumen sichtbar, wo weiße Wände und Einrichtungsgegenstände Folie sind für farbige Kontraste und belebende Gegensätze, sei es von modernen Kunstwerken oder von Möbelklassikern. Variabilität ist Bestandteil des Gesamtkonzepts. Aus jetzt drei Wohneinheiten können leicht sechs kleinere „geschneidert“ werden. Der Mensch mit seinen wechselnden Bedürfnissen bestimmt die Funktion.

Und schließlich ein ganz anders konzipiertes Gebäude, das Erich Schneider-Wessling 1980 für die Familie Schoeller am Eberburgweg 79 (Abb. Seite 144) gebaut hat: Ein Wohnhaus am Waldrand, ganz mit Holz verschalt – ein „Holzhaus“. Schon die äußere Gliederung dieses 300-Quadratmeter-Einfamilienhauses ist ein Genuß für das Auge. So bunt wie die Natur, so abwechslungsreich mischen sich Holz und Glas, Flach- und Schrägdächer, Raumkörper und offene Terrassen. Der Grundriß ist ein ausgeklügeltes System von Trennungen und Verbindungen, wobei der gemeinsame Wohnbereich Treffplatz der Familie ist. Wald und Wiese sind in das Gesamtkonzept einbezogen. Besser kann Naturnähe durch Architektur kaum ausgedrückt werden.

Damit sind wir am Ende. Nicht der „schönen Häuser von Aachen“, sondern einfach am Schluß dieses Buches. Das Thema selbst ist unerschöpflich und sicher nie zu beenden.

So möge denn der Leser Lücken ankreiden oder neue Beispiele nennen, Wertungen beanstanden oder Urteile bekräftigen. Natürlich fehlt vieles – wie sollte es anders sein! Etwa der schöne, als Gästehaus der TH genutzte Terrassenbau von Rudolf Steinbach an der Maastrichter Straße oder die ehemalige Königliche Baugewerksschule am Blücherplatz oder gar Ihr Haus oder das Ihres Nachbarn. Dennoch: Fehlendes ist kaum vergessen, Ungenanntes selten übersehen worden. Die Auswahl konnte sich eben nur auf Beispiele beschränken und damit einen Beitrag zur Auseinandersetzung mit dem Thema liefern.

Die Diskussion geht weiter – hoffentlich nicht nur theoretisch. Es gibt noch viele unbebaute Grundstücke. Und gute Architekten. Möge es – wie in früheren Zeiten – auch immer Eigentümer geben, die ihren Besitz pflegen. Und anspruchsvolle Bauherren, die neue schöne Häuser bauen!

Register

BILD-SEITE	GEBÄUDE	STRASSE	ARCHITEKT	BAUJAHR	TEXT-SEITE
58	Hauptbahnhof	Bahnhofplatz	Mettegang	1905	117
58	Hauptzollamt	Bahnhofplatz	Johann Peter Cremer	1846–49	
59	Bezirksregierung	Theaterplatz	Johann Peter Cremer	1828–30	113
61	Kreishaus	Zollernstraße	Schaller	um 1955	121 f
63	Landeszentralbank	Römerstraße	Fritz Wenger	1983–85	120 f
64	Städt. Verwaltungsgebäude Marschiertor	Lagerhausstraße	Wilhelm Schüssler	1975–79	120
65	Marschiertor	Franzstr., Boxgraben		13. Jh.	142
66	Steigenberger Parkhotel Quellenhof	Monheimsallee	Theodor Fischer	1916	104, 106
67	Eurogress Aachen	Monheimsallee	Erwin Schiffer	1975–77	108
68	Neues Kurhaus / Intern. Spielcasino	Monheimsallee	Theodor Fischer / Karl Stöhr	1914–16	104, 106, 108
69	Hauptpost	Kapuzinergraben	Hindorf	1891–93	112
70	Elisenbrunnen	Friedrich-Wilhelm Platz	Johann Peter Cremer/Karl Friedr. Schinkel	1825–27	110 f
72	Wohnhaus	Beeckstraße 33	G. Krämer	1905	124
73	Häusergruppe/ Signalversicherung	Theaterstraße 88–90	Rosen/Kalmbacher/ Rickmeyer (Neubau)	19. Jh. / 1977	116
75	Stadttheater	Theaterplatz	Johann Peter Cremer/ Karl Friedr. Schinkel	1822–25	110 f, 113 f
76	Aachen-Leipziger Versicherung	Theaterstraße 9	Eduard Linse	1900	115
77	Häusergruppe	Oppenhoffallee		Ende 19. Jh.	
78	Deutsche Bank	Friedrich-Wilhelm-Platz	Schiel/Possekel	um 1970	112
79	Aachen Münchener Versicherung AG	Aureliusstraße	HPP Hentrich, Petschnigg u. Partner	ab 1966	116 ff
80	Hauptverwaltung Vereinigte Glaswerke	Bismarckstraße, Viktoriaallee	HPP Hentrich, Petschnigg u. Partner	ab 1976	133 f
82	Wohn-Geschäfts-Haus	Holzgraben 1–3	Edmund Thyssen	19. / 20. Jh.	112
83	Haus Matthey	Theaterstraße 67	Adam Franz Friedrich Leydel	1834	115
84	Martin-Luther-Haus	Martin-Luther-Str.	Joachim Schwarze	1981–83	123
85	Ehem. AVZ-Verlagsgebäude	Theaterstraße 70–74	Bachmann-Slangen	1950–51	116
87	Ehem. Polizeipräsidium	Kasernenstraße	Launer	1910	120
88	Suermondt-Ludwig-Museum	Wilhelmstraße 18	Eduard Linse	1884–88	122
89	Wohn-Geschäfts-Haus	Augustastraße/ Wilhelmstraße	Erwin Lynen	um 1970	123
90	Landgericht	Adalbertsteinweg 90	Erich Schmidt	1927–29	124
91	Amtsgericht	Kongreßstraße 11		1887–88	124
92	Wohnhaus	Ottostraße 26	Ulrich Fuss	um 1980	125
93	Burg Frankenberg	Rehmannstraße/ Bismarckstr.		13./17./19. Jh.	125 ff
94	Wohnhaus	Viktoriaallee/ Bismarckstraße	Nic. Defourny	1897–98	131
97	Häusergruppe	Bismarckstraße/ Goerdelerstraße		1905	131
98	Kath. Pfarrkirche Herz Jesu	Viktoriaallee	Kleesattel	1908–09	131
99	Häusergruppe	Oppenhoffallee		19. / 20. Jh.	131
100	Häusergruppe	Rosstraße		19. / 20. Jh.	91
101	Häusergruppe	Paugasse		19. / 20. Jh.	91
103	Häusergruppe	Stromgasse/Paugasse	Wolfgang Köster	1976/77	
104	Häusergruppe	Ludwigsallee 61–65		19./20. Jh.	
105	Häusergruppe	Ludwigsallee 27–29	Schulte	1873	136
107	Wohnhaus	Lousbergstraße/ Ludwigsallee	Chr. Jos. Cremer	1871	136
109	Wohnhaus	Försterstraße 14	Joh. Sieprath	1902	137

BILD-SEITE	GEBÄUDE	STRASSE	ARCHITEKT	BAUJAHR	TEXT-SEITE
110	Zollhaus Königstor	Königstraße 75	Adam Franz Friedrich Leydel	1836	96
111	Wohnhaus Falter	Nizzaallee 52	Leo Hugot	1967	137 f
113	Häusergruppe	Nizzaallee 45–47 a		Anfang 20. Jh.	137
114	Häusergruppe	Joseph-von-Görres-Str./Jülicher Straße	Toussaint	1924–28	143
115	Talbot-Direktionsgeb.	Jülicher Straße 215	Becker	um 1925	144
116	Häusergruppe	Im Gillesbachtal 15–21		1926–28	143
117	Kath. Pfarrkirche St. Fronleichnam	Düppelstraße/ Leipziger Straße	Rudolf Schwarz	1930	142
118	Wohnhaus	Hauptstraße 8 / Burtscheid		1545	142
119	Ehem. Rathaus / Haus des Gastes	Burtscheider Markt	Ulich	1823	142
121	Rheumaklinik Aachen u. Schwertbad	Burtscheider Markt	Henrici-Sammeck (Rheumaklinik)	1912	121
123	Schirmfabrik Brauer	Jülicher Str. 87–109	Bachmann-Lürken	1928	144 f
124	Zehnthof	Althaarener Str. 83–85		17./18. Jh.	150
125	Welsche Mühle	Mühlenstraße 19 / Haaren		16./18./20. Jh.	150
127	Gut Kalkofen	Talbotstraße	Johann Joseph Couven	15./16. Jh./1750–53	150
128	Kath. Pfarrkirche St. Michael	Michaelsbergstraße	Johann Joseph Couven	1748–51/19./20. Jh.	139 f
129	Ehem. Abteikirche St. Johann Baptist	Abteiplatz	Johann Joseph Couven	1736–54	139
130	Marienkapelle	Berdoletstraße/ Gregorstr.	Peter Friedrich Peters	1901–03	142
132	Nuellenspavillon	Burtscheider Kurgarten	Johann Joseph Couven	1750	138
133	Ehem. Abteikirche St. Cornelius	Kornelimünster		14./15./16./17./ 18. Jh.	147 f
134	Häusergruppe	Korneliusmarkt		17.–19. Jh.	148
136	Schwertbad Burtscheid	Benediktinerstraße	Michael Weiss (Neubau)	1985	145 f
137	Verwaltungsgebäude Aachener und Münchener Lebensvers. AG	Robert-Schuman-Str./Adenauerallee	HPP Hentrich, Petschnigg u. Partner	1984	146
139	Gut Diepenbenden	Diepenbenden		17./19. Jh.	154
140	Abteitor	Abteiplatz / Burtscheid	Erwin Lynen (Umbau)	17./20. Jh.	141, 148 f
140	Ehem. Abtei	Abteigarten Kornelimünster		16./17. Jh./1721–28	141
141	Schloß Rahe	Schloß-Rahe-Str./ Laurensberg	Hentrich, Petschnigg u. Partner (Umbau)	1787 / 20. Jh.	150 f
143	Gut Höfchen	Höfchensweg 59		17./19./20. Jh.	154 f
144	Haus Schoeller	Eberburgweg 79	Erich Schneider-Wessling	1980	157
147	Zollhaus „Barrière“	Rathausstr. / Laurensberg		1780	154
148	Seffenter Burg	Schurzelter Str./ Laurensberg	Erwin Lynen (Umbau)	15./17./18./20. Jh.	153
149	Schloß Schönau	Schönauer Allee / Richterich		1732 / 19. Jh.	154
151	Ehem. Kreuzherrenkirche	Aachen-Sief / Brandenburg	Heinz Nattler (Umbau)	1485 / 1982–83	156
153	Herrenhaus Gut Muffet	Simpelvelder Str. 48	Fritz Eller (Umbau)	18. /19. /20. Jh.	156
155	Haus Prof. Dr. Strauss	Kaiser-Friedrich-Allee 19	Dieter Neikes	1985	157
155	Haus Prof. Dr. Jung	Fichthang 9	Erich Schneider-Wessling	1973	156 f
Umschlag	Kerstenscher Pavillon	Lousberg	Johann Joseph Couven	1740	138

Monsieur JULES

scénario Aurélien DUCOUDRAY
dessins & couleurs Arno MONIN

Monsieur JULES

GRAND ANGLE

TU DORS PAS, JULES ?
JAMAIS ENTRE CINQ ET SEPT HEURES DU MATIN.
POURQUOI ?
PARCE QUE C'EST LÀ QUE LES CHOSES ARRIVENT...

ICI BIENTÔT,
À LOUER T2, T3
B.O.A. CONSTRUCTOR
30

AH! BONJOUR, MONSIEUR JULES !
VOTRE COMMANDE EST PRÊTE...
JE VAIS VOUS CHERCHER TOUT ÇA !

ALORS NOUS AVONS DONC BIEN...
CENT CINQUANTE PRÉSERVATIFS TAILLE NORMALE - ULTRA RÉSISTANTS...
CINQUANTE GRANDE TAILLE ...
UN PAIN DERMATOLOGIQUE SANS SAVON...
DES LINGETTES INTIMES ANTI-BACTÉRIENNES...
CINQ TUBES DE GEL LUBRIFIANT...
NON, MINCE !
QUATRE...
QUATRE, ÇA IRA ?
ÇA IRA, OUI.
ET DES PASTILLES POUR LA GORGE !
EN VOUS SOUHAITANT UNE AGRÉABLE JOURNÉE, MONSIEUR JULES !
AH ! ET VOUS VERREZ...
...JE VOUS AI MIS DES ÉCHANTILLONS CADEAUX !
EH BEN, ON DOIT PAS S'ENNUYER SOUVENT CHEZ LUI !!!
AH, VOUS TROUVEZ ?
C'EST PAS QUE DES PASTILLES POUR LA GORGE QUE ÇA DOIT...
OUI, BON !
CE QUI SE PASSE CHEZ MES CLIENTS, ÇA ME REGARDE PAS !
C'EST BIEN POUR VOUS LA PRÉPARATION POUR HÉMORROÏDES PURULENTES ?

OPTYS
OUVERT
PRESSING
LA BAIE NOIRE
TABAC
PIETONS PASSEZ EN FACE
PRÊT SUR GAGE
Comme le temps, la valeur n'attend pas!
PRÊT SUR GAGE
PRÊT SUR GAGE
5 FRANCS
HEY! VIEUX BLANC!!!

LA CITATION À DEUX FRANCS...
ÇA TE DIT ?
YES!
C'EST PARTI, ÉCOUTE ÇA !!!
JE VAIS TE TROUVER UN PUR TRUC !
UN PROVERBE TURC !!!
OK!
T'ES PRÊT, VIEUX BLANC ?
"NE CROYEZ PAS QU'EN LAISSANT VOS CHEVEUX CHEZ LE COIFFEUR...
...VOUS L'AURIEZ PAYÉ !!!"
AHAHAH
EXCELLENT !!!
T'AS COMPRIS, VIEUX BLANC ?
HEY!

POISSONNERIE
CRROUiiiiii
CLAC
TiENS ! SALUT, JULES !
ÔÔÔH OOOUUHiHi
FAUT PAS VOUS PRESSER ! Y A DÉJÀ DU MONDE.
RRAH MON P'TIT CAPORAL ! Hi Hi Hi !
MERCi, DE SOUZA.
MMH... OUi ENCORE !
MMH... OUi MON BIQUET !

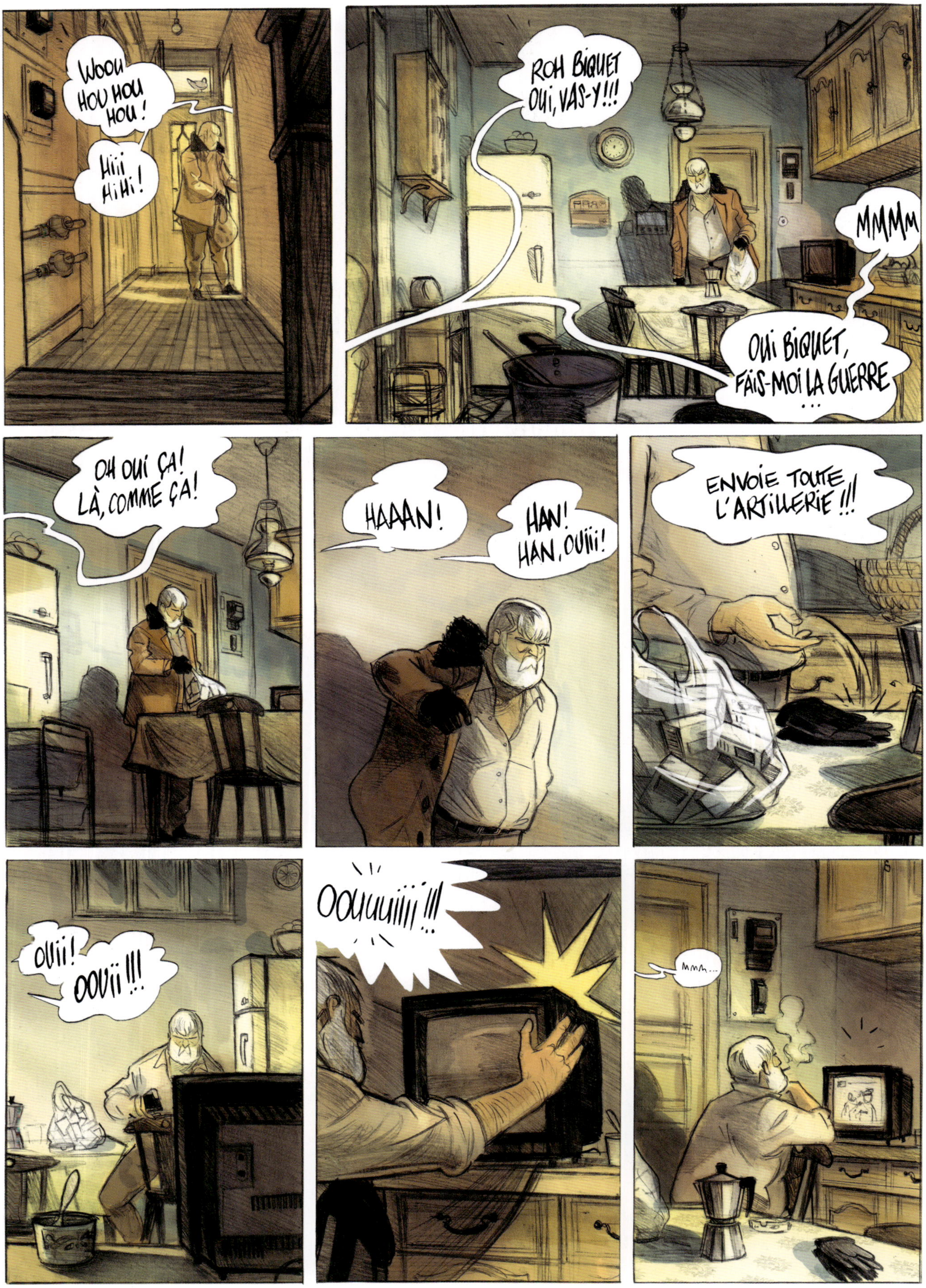
WOOU HOU HOU HOU !
HiiI HiHi !
ROH BIQUET OUI, VAS-Y !!!
MMMM
OUI BIQUET, FAIS-MOI LA GUERRE ...
OH OUI ÇA ! LÀ, COMME ÇA !
HAAAN !
HAN ! HAN, OUIII !
ENVOIE TOUTE L'ARTILLERIE !!!
OUII ! OOUII !!!
OOUUUIIII !!!
MMM...

BAH.
T'ES DÉJÀ LÀ, TOI ?
C'EST ÇA.
T'ES PASSÉ CHEZ LE PHARMACIEN ?
SUR LA TABLE...
BONJOUR, M'SIEUR JULES !
EH ! MADAME BRIGITTE !
C'EST LÀ QUE J'VAIS ! À MOSTAR ! Y PARAÎT QUE ÇA CHAUFFE DRÔLEMENT CHEZ LES YOUGOS !
TU FAIS ATTENTION À TOI, MON BIQUET...
C'EST PROMIS !
VOUS INQUIÉTEZ PAS ! LE BLEU, ÇA ÉVITE LES ENNUIS.
JE VOUS ENVERRAI UNE CARTE POSTALE DE LÀ-BAS, MADAME BRIGITTE.
CLAC
C'EST ÇA ! SALUT BIQUET, ET BONNE GUERRE !!!

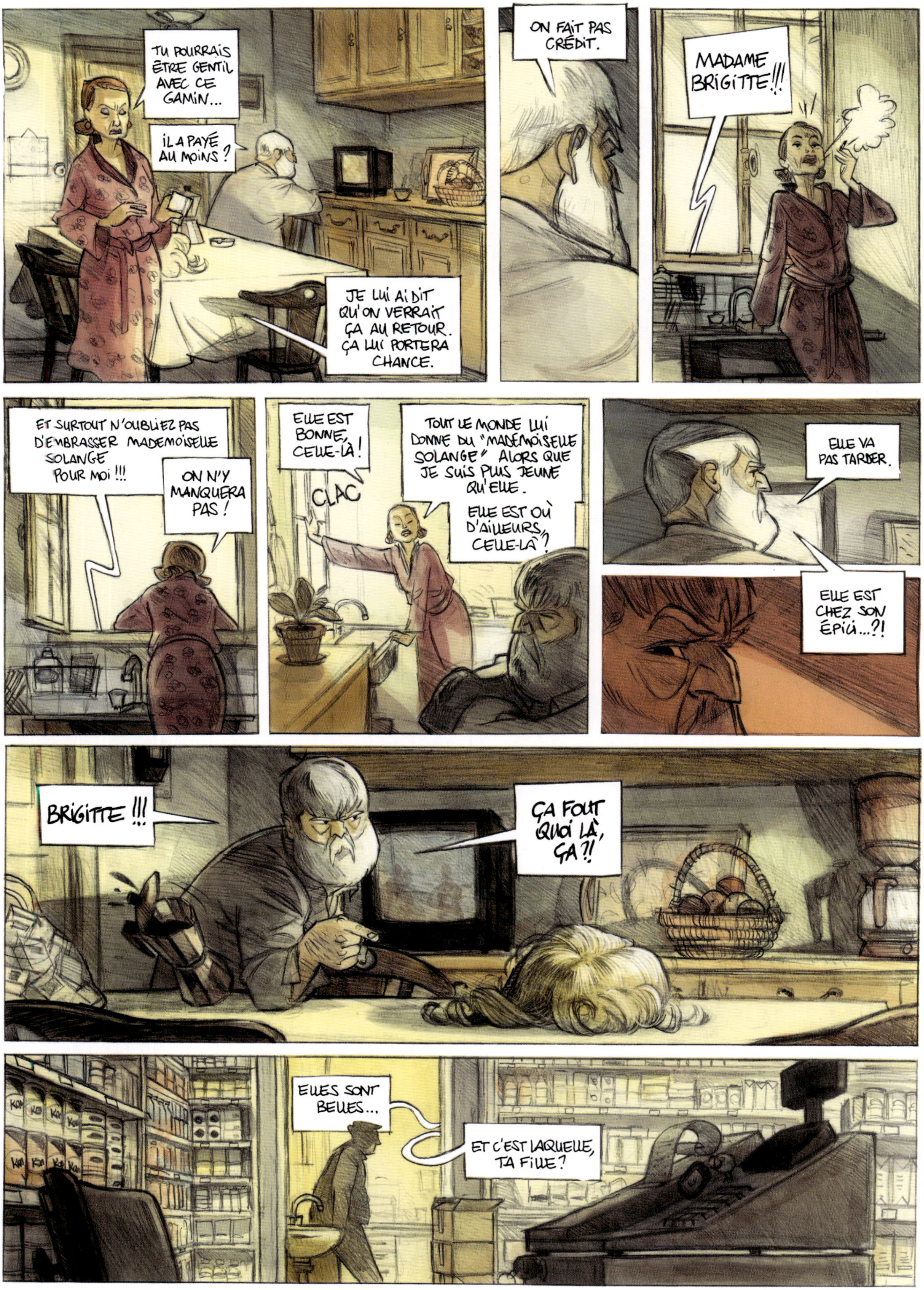
TU POURRAIS ÊTRE GENTIL AVEC CE GAMIN...
IL A PAYÉ AU MOINS ?
JE LUI AI DIT QU'ON VERRAIT ÇA AU RETOUR. ÇA LUI PORTERA CHANCE.
ON FAIT PAS CRÉDIT.
MADAME BRIGITTE !!!
ET SURTOUT N'OUBLIEZ PAS D'EMBRASSER MADEMOISELLE SOLANGE POUR MOI !!!
ON N'Y MANQUERA PAS !
ELLE EST BONNE, CELLE-LÀ !
CLAC
TOUT LE MONDE LUI DONNE DU "MADEMOISELLE SOLANGE" ALORS QUE JE SUIS PLUS JEUNE QU'ELLE.
ELLE EST OÙ D'AILLEURS, CELLE-LÀ ?
ELLE VA PAS TARDER.
ELLE EST CHEZ SON ÉPICI...?!
BRIGITTE !!!
ÇA FOUT QUOI LÀ, ÇA ?!
ELLES SONT BELLES...
ET C'EST LAQUELLE, TA FILLE ?

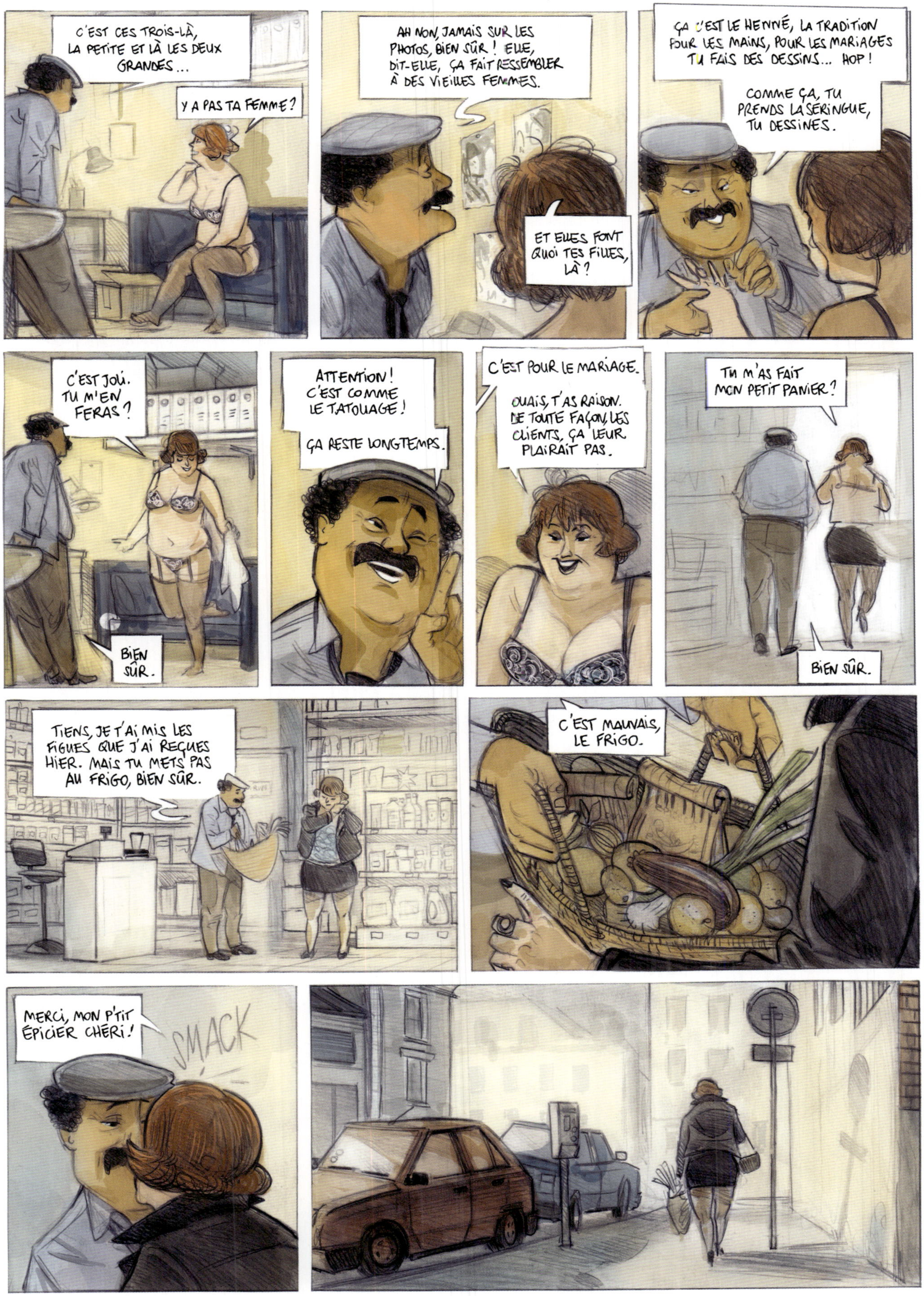
C'EST CES TROIS-LÀ, LA PETITE ET LÀ LES DEUX GRANDES...
Y A PAS TA FEMME ?
AH NON, JAMAIS SUR LES PHOTOS, BIEN SÛR ! ELLE, DIT-ELLE, ÇA FAIT RESSEMBLER À DES VIEILLES FEMMES.
ET ELLES FONT QUOI TES FILLES, LÀ ?
ÇA C'EST LE HENNÉ, LA TRADITION POUR LES MAINS, POUR LES MARIAGES TU FAIS DES DESSINS... HOP !
COMME ÇA, TU PRENDS LA SERINGUE, TU DESSINES.
C'EST JOLI. TU M'EN FERAS ?
BIEN SÛR.
ATTENTION ! C'EST COMME LE TATOUAGE !
ÇA RESTE LONGTEMPS.
C'EST POUR LE MARIAGE.
OUAIS, T'AS RAISON. DE TOUTE FAÇON, LES CLIENTS, ÇA LEUR PLAIRAIT PAS.
TU M'AS FAIT MON PETIT PANIER ?
BIEN SÛR.
TIENS, JE T'AI MIS LES FIGUES QUE J'AI REÇUES HIER. MAIS TU METS PAS AU FRIGO, BIEN SÛR.
C'EST MAUVAIS, LE FRIGO.
MERCI, MON P'TIT ÉPICIER CHÉRI !
SMACK

BONJOUR, MONSIEUR DE SOUZA !
OH ! MADEMOISELLE SOLANGE ! ON POURRAIT PAS AVANCER LA DATE DU LOYER ?
ENCORE, MONSIEUR DE SOUZA ? MAIS VOUS EN AVEZ DÉJÀ DEUX D'AVANCE !
POUR LE PLAISIR ALORS SINON ! NE ME DITES PAS QUE VOUS N'AVEZ PAS AIMÉ ÇA LA DERNIÈRE FOIS ?
ÉCOUTEZ, MONSIEUR DE SOUZA... JE N'AI PAS LE TEMPS !
T'ES RADIN, JULES ! OUAIS !!! C'EST C'QUE T'ES UN...
CLAC
SALETÉS DE PIGEONS, DEHORS !
ZOU !
... GROS RADIN
ÇA, ÇA N'A RIEN À VOIR, BRIGITTE.
TU SAIS TRÈS BIEN QUE JE VEUX PAS QU'ON TOUCHE À SES AFFAIRES.
AH OUAIS ? JE SUIS PLUS TOUTE JEUNE, JULES, AU CAS OÙ TU L'AURAIS PAS REMARQUÉ, FAUT DES ATOURS POUR PLAIRE !!!
ET T'AS QU'À ME PAYER LE COIFFEUR SI TU VEUX PAS QU'J'TOUCHE À SES AFFAIRES !!!
GROS

LA FERME !
PERSONNE NE TOUCHE À SES AFFAIRES.
POINT.

TIP

SI TU VOYAIS TOUT ÇA, MARIE...
SI TU VOYAIS COMME TOUT A CHANGÉ...

AÏE ! ÇA GRIPPE !
PLUS TU VIEILLIS, PLUS T'AS DE CHEVEUX, MON VIEUX !!!
ON VA POUVOIR LES VENDRE AU KILO.
PFFFF
TU TE SOUVIENS À LA LIBÉRATION ?
CETTE BELLE ROUSSE QUI S'ÉTAIT UN PEU TROP ALLONGÉE SOUS LES BOCHES...
NON ?
DES BOUCLES ROUGES COMME J'AVAIS JAMAIS VU... EN CASCADE, ÇA LUI TOMBAIT SUR LES ÉPAULES. UNE MARÉE ÉCARLATE, COMME QUAND T'ÉGORGES UN COCHON.
ELLE EN PLEURAIT TELLEMENT QU'ILS ONT PAS PU LA TONDRE JUSQU'AU BOUT. POURTANT, C'ÉTAIT PAS DES TENDRES...
ILS TAILLAIENT À TOUR DE BRAS, BLONDES, BRUNES, ROUSSES. DES BISTROTIERS AU PIED DU FÛT DE BIÈRE !... EH BEN...
TU ME CROIRAS SI ÇA TE DIT..., MAIS APRÈS LA TONTE...
...J'SUIS ALLÉ EN RAMASSER UNE MÈCHE !
ET PIS J'L'AI TOUJOURS !
ET TES AFRICAINES, ON LES VOIT PLUS ?

TU PARLES, AVEC LEUR FOLIE DES TRAVAUX, Y VONT M'FOUTRE DES PARCMÈTRES À LA PLACE !
J'SAIS PAS OÙ ELLES VONT ALLER TAPINER, LES NÉGRESSES, VU QU'ELLES SONT DÉJÀ TRICARDES AVEC LES FILLES DE L'EST.
ÇA VA FAIRE DU VILAIN DANS LE QUARTIER !
COMBIEN J'TE DOIS ?
LAISSE DONC ! VU QU'T'ES MON DERNIER CLIENT, SI EN PLUS J'TE FAIS PAYER LA COUPE, SÛR QU'TU R'VIENDRAS PLUS !!!
PAYE UN BLANC, ÇA IRA BIEN !
UN BLANC ALORS !
EH ! TU VEUX FABRIQUER DE L'ORPHELINE ?
DONNE-MOI UNE LIMONADE POUR T'ACCOMPAGNER !
MERDE...
LA SALOPE !
LA SALOPE DE PUTE !!!
LE WALDECK

MAIS JULES...
OÙ EST-CE QUE TU L'AS MIS, HEIN ???
T'AS PAS PU T'EN EMPECHER !!!
MAIS T'ES COMPLÈTEMENT FOU !!!
AÏE !
EH, DITES DONC, MONSIEUR. IL FAUDRAIT VOIR À...
MON OEIL ...
FAUDRAIT ...
FAUDRAIT VOIR À RIEN DU TOUT !!!
TU PRENDS TES CLIQUES ET TU DÉGAGES DE MON CLAQUE !!!
BLAM

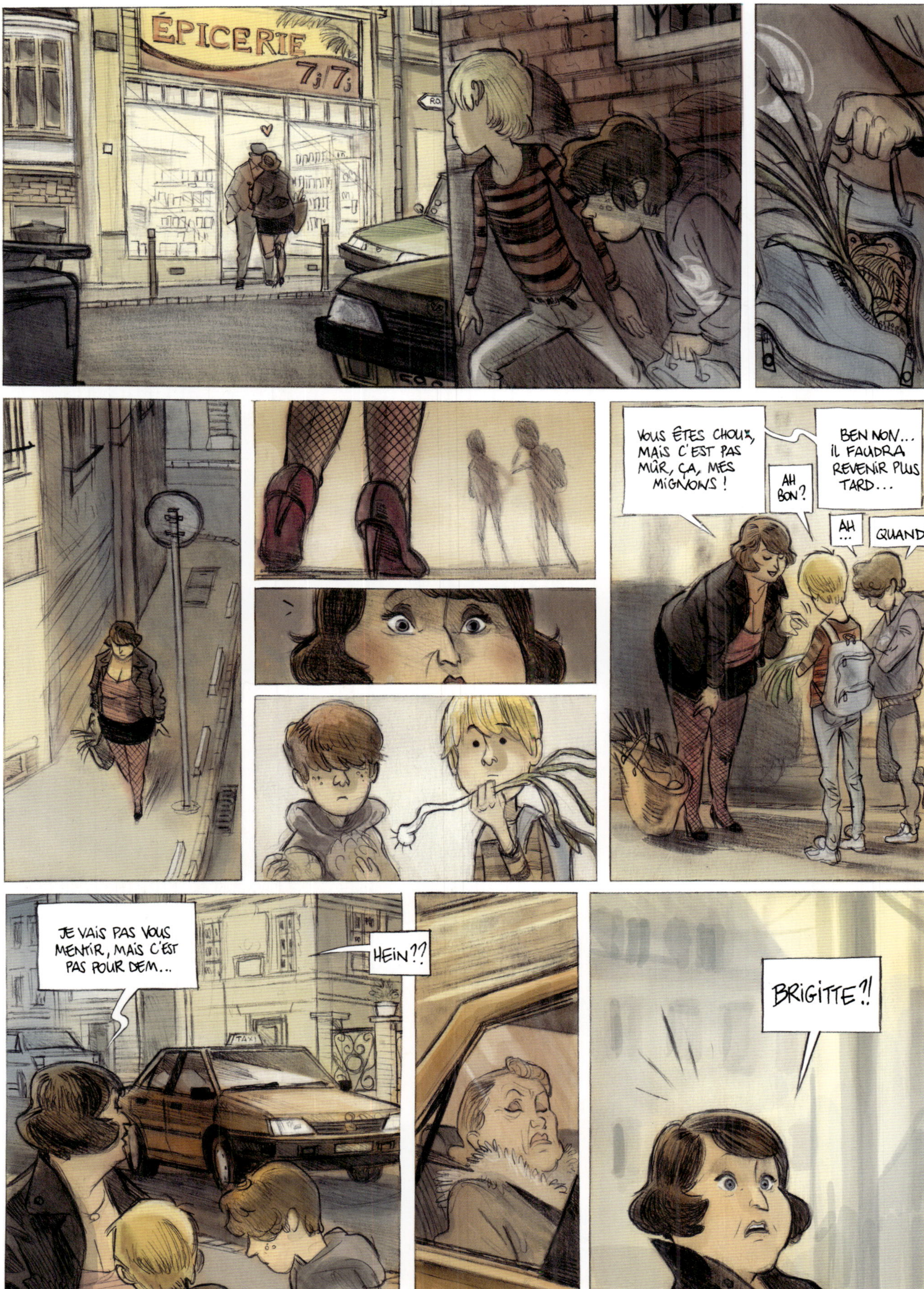
ÉPICERIE
7j/7j
VOUS ÊTES CHOUX, MAIS C'EST PAS MÛR, ÇA, MES MIGNONS !
AH BON ?
BEN NON... IL FAUDRA REVENIR PLUS TARD...
AH...
QUAND ?
JE VAIS PAS VOUS MENTIR, MAIS C'EST PAS POUR DEM...
HEIN ?!
TAXI
BRIGITTE ?!

CLAC
???
MAIS IL FAIT QUOI, CELUI-CI ?
MADAME.
C'EST PARCE QU'IL METTAIT TOUT EN L'AIR, ALORS ELLE SE TENAIT L'OEIL EN GEIGNANT ET PUIS DU COUP, MOI, J'AI PLUS MON...
OUAIS... BON... ET ELLE A DIT OÙ ELLE ALLAIT ?
À STRASBOURG. VOIR SA FILLE.
OUAIS, SAUF QU'ELLE A PAS DE FILLE ET QU'ELLE A JAMAIS MIS LES PIEDS À STRASBOURG.
ELLE A DÛ FAIRE COMME D'HABITUDE ET ALLER TROIS RUES PLUS LOIN RUMINER À L'HÔTEL DE STRASBOURG.
AH, J'TE JURE, CES DEUX-LÀ ! ILS M'USENT, MAIS ILS M'USENT !
EUH...
S'IL VOUS PLAÎT...
MOUUIII ?
J'POURRAIS RAVOIR MON PANTALON ?
OH !
BIEN SÛR !
OUI.

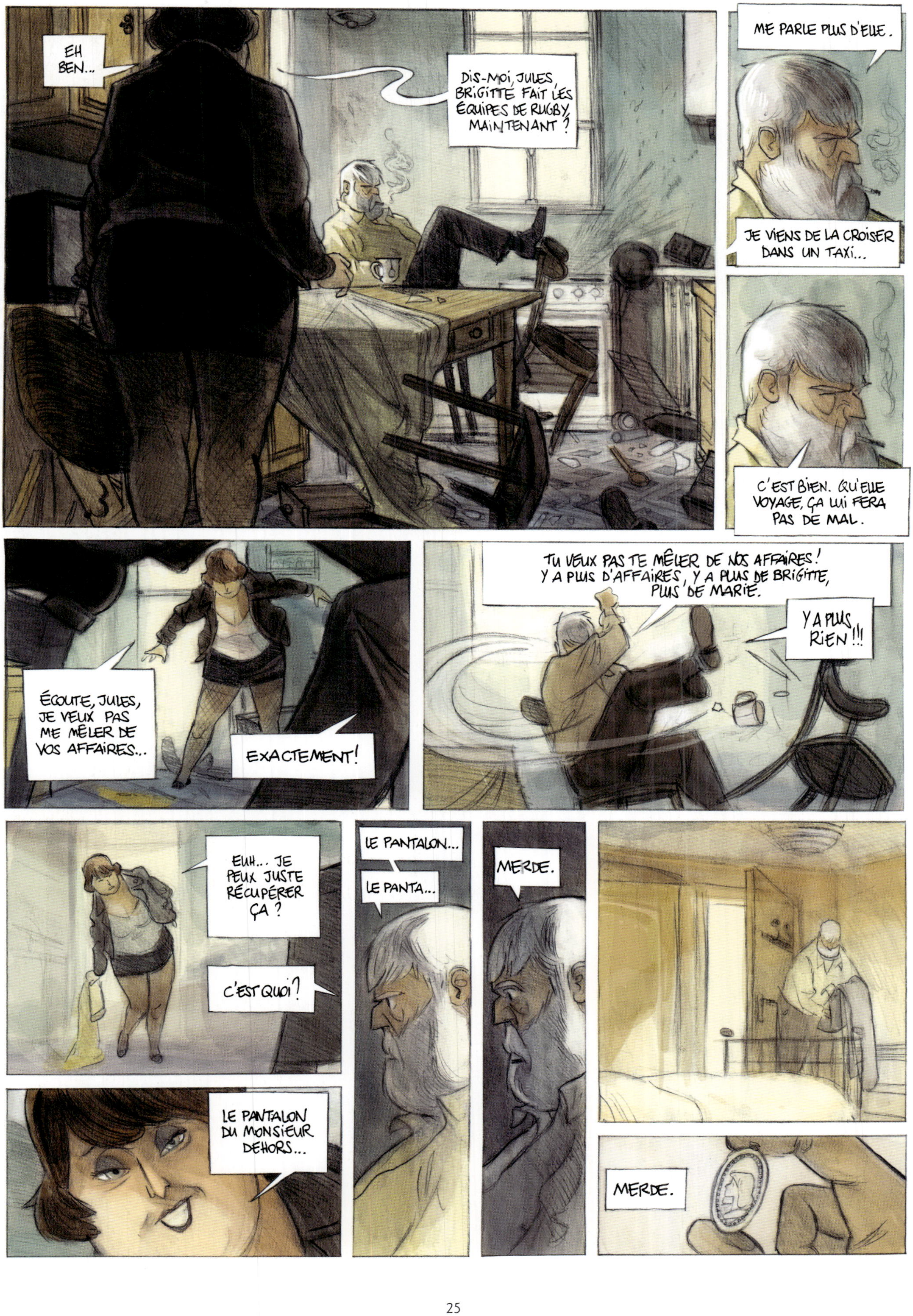
EH BEN...
DIS-MOI, JULES, BRIGITTE FAIT LES ÉQUIPES DE RUGBY, MAINTENANT ?
ME PARLE PLUS D'ELLE.
JE VIENS DE LA CROISER DANS UN TAXI...
C'EST BIEN. QU'ELLE VOYAGE, ÇA LUI FERA PAS DE MAL.
ÉCOUTE, JULES, JE VEUX PAS ME MÊLER DE VOS AFFAIRES...
EXACTEMENT !
TU VEUX PAS TE MÊLER DE NOS AFFAIRES ! Y A PLUS D'AFFAIRES, Y A PLUS DE BRIGITTE, PLUS DE MARIE.
Y A PLUS RIEN !!!
EUH... JE PEUX JUSTE RÉCUPÉRER ÇA ?
C'EST QUOI ?
LE PANTALON DU MONSIEUR DEHORS...
LE PANTALON...
LE PANTA...
MERDE.
MERDE.

T'EN VEUX ENCORE ? IL EN RESTE, HEIN.
NON, C'EST BON, MERCI !
T'AS TORT !!! C'EST DES TOMATES DU MAROC !
TU TE FAIS TOUJOURS PAYER AU PANIER AVEC TON ARABE ?
OUI, COMME ÇA J'AI PAS À ME SOUCIER DU MENU. ET PUIS POUR UNE FOIS QUE C'EST MOI QUI PEUX METTRE LA MAIN AU PANIER DES AUTRES. JE VAIS PAS ME PRIVER !
CAFE ?
MERCI, NON, JE VAIS REDESCENDRE CHEZ MOI...

TU PEUX BIEN RESTER...
J'TRAVAILLE PAS CE SOIR, ON EST LE 14 JUILLET, ÇA SERT À RIEN, AVEC LES FUSÉES, LES CLIENTS ILS ONT LE NEZ EN L'AIR !
JE SUIS AUSSI BIEN CHEZ MOI À M'OCCUPER DE MON JULOT.
ÇA FAIT BIEN LONGTEMPS QU'ON M'A PAS APPELÉ COMME ÇA...
C'EST POURTANT CE QUE T'ES... MON JULOT CASSE-CROÛTE.
OH VIENS !!! C'EST COMMENCÉ !

SOLANGE...
TU SAIS BIEN QUE J'AIME PAS QU'ON TOUCHE À SES AFFAIRES.
TIENS, C'EST NOUVEAU, ÇA !
SOLANGE ?
MARIE...?
EH QUOI ? T'AS L'AIR SURPRIS DE ME VOIR DANS TON LIT...
MARIE... COMMENT...

TES CHEVEUX …
JULES !
JULES, QU'EST-CE QUI M'ARRIVE ?
AIDE-MOI !!!
JULES !
JE VEUX PAS !!!
JULES, AIDE-MOI !
JULES !
LÈVE-TOI, JULES !
VIENS VITE… C'EST DE SOUZA…
IL A RAMENÉ UNE MORTE DANS TA CUISINE !!!

J'AI ENTENDU UN GRAND BRUIT, COMME SI ON CASSAIT DES BRANCHES, ALORS JE ME SUIS DIT : "C'EST DES VOLEURS QU'EN VEULENT À MES TOMATES !"
ALORS J'DESCENDS ET J'VOIS MES TUTEURS TOUT PÉTÉS ET UNE NÉGRESSE ALLONGÉE DEDANS !!!
VU COMMENT ELLE ÉTAIT HABILLÉE, J'ME SUIS DIT QUE L'MIEUX C'ÉTAIT DE VOUS L'AMENER ...
VU QUE VOUS... DANS CE STYLE-LÀ... VOUS VOUS Y CONNAISSEZ ...
C'EST GENTIL, DE SOUZA, MAIS TU SAIS, EN CE MOMENT, J'EN AI DÉJÀ PLEIN LE DOS DES PUTES VIVANTES ...
ALORS LES MORTES ...
JULES...
ELLE EST BLESSÉE...
LÀ !
ELLE A DÛ SE FAIRE ÇA EN TOMBANT SUR MES TUTEURS.
MOUAIS... SI TU VEUX MON AVIS...
... C'EST PAS TES TUTEURS QUI ONT FAIT ÇA...

DIS-MOI, JULES...
D'HABITUDE CHEZ TOI, JE SOIGNE DES BLENNOS...
... PAS DES COUPS DE COUTEAU...
C'EST PAS DU CANIF, C'EST MES PIEDS DE TOMATES ! MAIS C'EST POINTU QUAND MÊME, HEIN ! DIX CENTIMÈTRES PLUS HAUT, ÇA LUI PERÇAIT UN NICHON...
ÇA AURAIT ÉTÉ DOMMAGE, HEIN ?
BON, VOUS, ÇA SUFFIT DE RELUQUER !
C'EST PAS JOUR DE PAYE !
TU LUI FAIS PAS UNE PIQÛRE OU UN TRUC ?
VU CE QU'ELLE PREND DÉJÀ... PAS BESOIN DE LA FAIRE DORMIR PLUS.

ET SI TU VEUX MON AVIS... SOIT ELLE EST VRAIMENT MALADROITE...
... SOIT ELLE A PAS CHOISI SON TRAITEMENT ELLE-MÊME...

JE TE PRENDS DES HARICOTS AUSSI...
POURQUOI TU ES PRESSÉE COMME ÇA ?
ON FAIT LE CALIN ET APRÈS ON FAIT TON PANIER ?
J'AI PAS LE TEMPS AUJOURD'HUI, MAHMED !
FAUT QUE JE FILE !
MAIS ...
METS SUR TA NOTE, ÇA TE FERA MOINS CHER LA PROCHAINE FOIS !
ALORS ? ELLE EST RÉVEILLÉE, LA GAMINE ?
NON, TOUJOURS PAS...

SI Y AVAIT QUE ÇA...
REGARDE CE QUE DE SOUZA A TROUVÉ DANS SES TOMATES...
OOOUUUH ! BEN DIS DONC, C'EST DRÔLEMENT CHIC !
OUAIS. ET JE CROIS QU'IL Y A ENCORE PLUS DÉPAYSANT.
QU'EST-CE QUE C'EST ?
COMMUNAUTE ÉCONOMIQUE DES ÉTATS D'AFRIQUE DE L'OUEST
RÉPUBLIQUE DU SÉNÉGAL
HUIT PASSEPORTS...
HUIT NÉGRESSES...
MAIS PAS LA NÔTRE...

BONJOUR, MONSIEUR JULES !
BONJOUR ! IL ME FAUDRAIT DU NÉCODIAN.
HOULÀ, M'SIEUR JULES, C'EST FORT, ÇA !!!
C'EST QUE LES PASTILLES CONTRE LA TOUX, LA DERNIÈRE FOIS, ÇA A PAS FAIT TROP D'EFFET.
AH BON... D'ACCORD MAIS FAUDRA BIEN LIRE LA NOTICE, HEIN ? C'EST POUR MADAME BRIGITTE ?
OUI. ET EST-CE QUE JE POURRAIS EN AVOIR DEUX BOÎTES PARCE QU'ELLE EST BIEN PRISE...
AH, L'EMBÊTANT C'EST QUE JE PEUX VOUS EN DONNER QU'UNE, RAPPORT AUX DIRECTIVES DU MINISTÈRE. C'EST QU'IL ARRIVE, FIGUREZ-VOUS, QUE DES DROGUÉS S'EN SERVENT COMME EXPÉDIENT...
REMARQUEZ... ON SE CONNAÎT DEPUIS LONGTEMPS. SI VOUS ÉTIEZ...
...
MAIS COMME LA BAGATELLE, HEIN ! PAS PLUS DE QUATRE FOIS PAR JOUR !!!
PHARMACIE

Vos vieux bijoux, sous des yeux neufs, deviennent des bijoux neufs !
OUVERT

DECHARNIA
VINS & SPIRITUEUX
LE FIZZ
BAR CULTUREL
35
HOTEL
ROYAL
TÉ! MAIS REGARDEZ DONC QUI ME REVOILÀ !
ALORS MA BICHETTEU, C'EST LE RETOUR AUX SOURCES ? VIENS LÀ QUE JE TE BIGE, MA PETITE MORUE !!!
ÇA FAIT PLAISIR DE TE VOIR EN FORME !
ET QUELLEU FORMEU ! JE ME SUIS PAYÉ DEUX SEMAINES EN VACANCES À LA BONNE MÈRE, JE TE DIS QUE ÇA.
JE CROIS QU'ILS ONT PRIS UN KILO CHACUN !!!

LES AFFAIRES, ÇA MARCHE ?
LES AFFAIRES, JE SAIS PAS... MAIS NOUS, ON TROTTE ! Y FONT RIEN QU'À NOUS CHANGER DE QUARTIER, TOUS LES MOIS. ALORS BIENTÔT, ON VA ACHETER DES CHAUSSURES DE JOGGING ET COURIR APRÈS LES CLIENTS !
ET LES AFRICAINES ? ELLES SONT PLUS LÀ ?
ÇA FAIT DÉJÀ UN MOMENT QU'ON LES A PAS VUES.
Y A EU DU VILAIN AVEC LES RUSKOVS ET LES ALBANAIS, Y EN A MÊME UNE OU DEUX QUI Y SONT RESTÉES, DU COUP DEPUIS, BAH, ON LES VOIT PLUS.
ELLES ONT CHANGÉ DE QUARTIER, TU PENSES ?
NON PAS, ELLES SONT PLUS DANS LA RUE ! Y EN A QUI DISENT QU'ELLES SONT RETOURNÉES CHEZ ELLES, OU QU'ELLES TRAVAILLENT À DOMICILE. MOI, ÇA M'ÉTONNERAIT, PARCE QUE LA PLUPART QUE J'CONNAISSAIS... ELLES EN AVAIENT PAS, DE DOMICILE. ET PUIS ON A BEAU DIRE, UNE PUTE QU'EST PAS DANS LA RUE... BAH C'EST PAS UNE PUTE.
ATTENDS, JE DIS PAS ÇA POUR TOI, MA BELETTE, HEIN ! MÊME SI T'AS BIFURQUÉ, TU RESTES UNE FLEUR DU PAVÉ COMME NOUS. ET PUIS PAS DE REGRETS, UN BEAU MÉTIER, HEIN ! ET ON PAYE DES IMPÔTS, COMME TOUT L'MONDE. T'AS DONNÉ DU KILOMÈTRE EN RÉSILLE... COMME LES AUTRES...
TIENS ! EN PARLANT D'IMPÔTS... V'LÀ L'CONTRÔLEUR...
CELUI-LÀ, IL SE BALADE, MAIS IL PREND JAMAIS. TOUS LES SOIRS, IL TE DEMANDE LE TARIF ET IL S'EN VA... DRÔLE DE PERDREAU...
AH BEN NON... TU DOIS PAS ENCORE ÊTRE SUR SA LISTE...

POISSONNERIE
TAXI
AH ÇA, NON!!!
JUUULES!!!
POISSONN
NON MAIS TU TE FOUS DE MOI ?!!
JE M'EN VAIS TROIS JOURS ET ÇA Y EST, JE SUIS REMPLACÉE, ET PAS PAR N'IMPORTE QUOI! S'IL VOUS PLAÎT! MONSIEUR A DES GOÛTS POUR LE COLORÉ!
TU POURRAIS AU MOINS LES CHOISIR EN MEILLEURE FORME PARCE QUE LÀ, VU L'ÉTAT... ÇA VA PAS TE RAPPORTER GRAND-CHOSE!
ÇA Y EST? T'AS FINI?
NON, J'AI PAS FINI, AVEC TOI J'AI JAMAIS FINI, JULES! ÇA FAIT TRENTE ANS QUE J'EN FINIS PAS! EN TOUT CAS, COMPTE PAS SUR MOI POUR CHANGER DE CLIENTÈLE AUSSI! J'SUIS PAS COMME SOLANGE, J'FAIS PAS DANS L'ETHNIQUE...
RACONTE PAS DE CONNERIES, BRIGITTE, TU VAS REGRETTER...
CONFONDS PAS LES HISTOIRES, JULES, C'EST TOI QUI REGRETTES!

PAS MOI ! MOI, J'AI FAIT MON DEUIL DES BIJOUX ET DES PERRUQUES.
À DIRE VRAI, TOUT CE TEMPS, ÇA M'A PLUTÔT ARRANGÉE QUE TU LE GARDES TOUT POUR TOI, TON MALHEUR... ÇA M'ÉVITAIT DE PENSER ! ALORS QUE DANS LE MÉTIER, C'EST PLUTÔT LE CONTRAIRE... VAUT MIEUX PENSER À AUTRE CHOSE SI TU VEUX QU'ÇA PASSE PLUS VITE !
BRIGITTE...
MAIS NON, TOI, T'AS PAS PU T'EN EMPÊCHER, D'AFFICHER TOUT ÇA COMME AU 14 JUILLET !
PORTE-ÉTENDARD DU DEUIL, HOMME-SANDWICH DE LA CONDOLÉANCE.
FAUT QUE TOUT LE MONDE LE SACHE !!! HEIN, COLLECTIF LE TRAUMA, MAIS BIEN AU CHAUD CHEZ MONSIEUR JULES ! ALORS NOUS, LES BIEN VIVANTES DE LA CUISSE, NOUS AUSSI, EST-CE QU'ON EST OBLIGÉES DE VIVRE AVEC CE FANTÔME ?
MARIE AVAIT RAISON. ON PEUT TRÈS BIEN ÊTRE SOEURS ET N'AVOIR RIEN EN COMMUN...
AH MAIS VAS-Y ! FAIS-LA AUSSI PARLER MAINTENANT !
ET PUIS TU VAS ENFILER UNE ROBE !
UNE PERRUQUE !
TU DÉLIRES !
ET PUIS TU VAS FAIRE LE TROTTOIR ET LA RÉSURRECTION SERA PARFAITE !!!
NON, JE NE DÉLIRE PAS, ET JE VAIS TE DIRE CE QUE JE VAIS FAIRE, MON P'TIT JULES ! CE QUE J'AURAIS DÛ FAIRE DEPUIS BIEN LONGTEMPS...
MAIS ARRÊTE, JE TE DIS !
S'IL VOUS PLAÎT...
S'IL VOUS PLAÎT...

FAUT QUE J'AILLE AUX TOILETTES, S'IL VOUS PLAÎT...
MAIS REGARDEZ-MOI ÇA ?
C'EST PAS POSSIBLE, ÇA ...
PAS FOUTU DE T'OCCUPER CORRECTEMENT D'UNE FEMME !
JE TE JURE !!!
ALLEZ, VIENS LÀ QUE JE TE NETTOIE !
CLAC

ELLE EST TOUJOURS COMME ÇA, TA FEMME ?
C'EST PAS MA FEMME.
C'EST LA FEMME DE TOUT LE MONDE.
ALORS C'EST L'AUTRE, TA FEMME ?
NON PLUS, C'EST AUSSI LA FEMME DES AUTRES...
C'EST SÛR QUE LES MARQUES SUR TES BRAS, ÇA RESSEMBLE PAS À UN CONTRAT DE MARIAGE...
DONC T'AS PAS DE FEMME ?
DIS DONC, ÇA SUFFIT, OUAIS ? J'TE DEMANDE, MOI, DE QUI T'ES LA FEMME ?
MOI ??? J'SUIS LA FEMME DE PERSONNE !!!
BON... DIS-MOI SI JE ME TROMPE... T'ES VENUE EN FRANCE PARCE QU'UNE COUSINE T'A DIT QU'ELLE AVAIT TROUVÉ UN JOB DE FEMME DE MÉNAGE POUR TOI, QU'Y AVAIT PAS DE PROBLÈME POUR LE BILLET D'AVION, QUE TU LA REMBOURSERAIS AVEC TES PREMIERS SALAIRES... TOI, T'ÉTAIS CONTENTE, T'ALLAIS ENFIN POUVOIR VOIR À QUOI RESSEMBLAIT LA VIE QUE T'ACHETAIS DANS LES MAGAZINES...
ET TA MAMAN AU VILLAGE ÉTAIT CONTENTE AUSSI DE SE RETROUVER À LA TÊTE D'UNE RENTE MENSUELLE VENUE DE LA CAPITALE... SEULEMENT, QUAND T'ES ARRIVÉE EN MÉTROPOLE. TU T'ES APERÇUE QUE TA COUSINE ÉTAIT PAS L'ANPE DES BUREAUX DE LA DÉFENSE MAIS PLUTÔT UNE BOÎTE D'INTÉRIM À PIGALLE...

EN BONNE TRADITION FAMILIALE, TA COUSINE T'A PRÉSENTÉE À SES COUSINS QUI T'ONT MISE AU LÉOPARD SYNTHÉTIQUE ET À LA MARCHE À PIED ET T'AS COMMENCÉ À TARIFER...
APRÈS C'EST CONNU QUE QUAND ON N'A PAS LA VOCATION, BEN ON N'EST PAS FORCÉMENT ASSIDU, ALORS LES COUSINS, ILS T'ONT MOTIVÉE UN PEU DE FORCE AVEC DU CHIMIQUE... SAUF QUE LE CHIMIQUE, BEN ÇA COÛTE CHER. ALORS TU TRAVAILLES DEUX FOIS PLUS POUR PAS DÉCEVOIR LA FAMILLE ET MAMAN QUI DIT PARTOUT QUE SA GRANDE FILLE A UNE BONNE PLACE À LA CAPITALE...
SINON C'EST JOLI, PARIS VU DES TOITS, NON ?
TU VOIS LA GRANDE ROUE, LÀ-BAS ?
QUAND J'ÉTAIS JEUNE, J'Y ALLAIS TOUS LES SAMEDIS SOIR AVEC UNE FILLE, ET LE PATRON, QU'ÉTAIT UN POTE À MOI, QUAND ON ARRIVAIT EN HAUT, IL FAISAIT LE COUP DE LA PANNE ! DU COUP, LA GAMINE, ELLE AVAIT UN PEU PEUR ET ELLE SE SERRAIT CONTRE MOI, ET ALORS LÀ, EMBALLÉ C'ÉTAIT PESÉ, QUOI !
C'ÉTAIT ROMANTIQUE, NON ?
NON.
COMMENT ÇA, NON ?
NON, C'ÉTAIT PAS POUR FAIRE DES MÉNAGES...
C'ÉTAIT POUR ÊTRE COIFFEUSE.

JULES, RENTIER POUR DAMES.
TINA, COIFFEUSE POUR TOUS.
ET TES COPINES, ELLES S'APPELLENT COMMENT ?

ALORS, FATOU DIAGNE, FATOU NDIAYE, FATOU LAMINE, FATOU DIOGNE, ENCORE UNE FATOU DIAGNE, FATOU MBACKE, ET FATOU SALL.. DIS DONC, TOUTES LES FEMMES S'APPELLENT FATOU ?
FATOU, C'EST LE SURNOM DES PETITES FEMMES DE MÉNAGE DE L'ARMÉE FRANÇAISE AU SÉNÉGAL...
C'EST PAS UN MAUVAIS MÉTIER, LA SEULE CHOSE, C'EST QU'AU BOUT D'UN MOMENT, TU DÉFAIS LE LIT DU CAPITAINE PLUS SOUVENT QUE TU LE REFAIS... JE CROIS QUE C'EST AUSSI UN CODE POUR LES DOUANIERS... SI TU LAISSES PASSER UNE FATOU... TU AS UNE COMMISSION...
ET POUR CELLES QUI S'APPELLENT VRAIMENT FATOU ?
EH BIEN, ELLES PASSENT AUSSI POUR DES PUTES...
ET TU VEUX EN FAIRE QUOI, DE TES PASSEPORTS ?
JE PENSAIS POUVOIR LES ÉCHANGER CONTRE LE MIEN.
C'EST ÇA. ET TOUT LE MONDE REPART "BONS AMIS" !
T'ES PAS OBLIGÉE D'ÊTRE MÉCHANTE, BRIGITTE !!!
MÉCHANTE ? MOI ?!!
VOUS ÊTES TOUS PAS BIEN OU QUOI ?!?
BRIGITTE ...
VOUS LES CONNAISSEZ, CES TYPES-LÀ, QUI FONT VENIR LES NÉGRESSES PAR BATEAUX ENTIERS ? EUX, C'EST DES MÉCHANTS ! C'EST EUX QUI BALANCENT LES FILLES EN PLEINE MER QUAND ILS VOIENT LES BATEAUX DES GARDE-CÔTES. ET PAS QUE LES FILLES, HOMMES, FEMMES ET ENFANTS, LES VIEUX, TOUS À L'EAU, ET TANT PIS S'ILS SAVENT PAS NAGER.

EXAGÈRE PAS, BRIGITTE ! LÀ ON EST CHEZ NOUS, QUAND MÊME.
ON N'EST PAS DES SAUVAGES !
DES SAUVAGES ?
OUI, ENFIN NON ! C'EST PAS CE QUE JE VOULAIS DIRE. ON N'EST PAS EN PLEINE MER, QUOI... Y A DES LOIS CHEZ NOUS.
DES LOIS ? LA SEULE LOI QU'ILS CONNAISSENT, C'EST CELLE DU SURIN.
ET TOI, JULES, T'EN PENSES QUOI ?
J'PENSE PAS, J'RÉFLÉCHIS.
ET ON PEUT SAVOIR À QUOI TU RÉFLÉCHIS ?
J'TE L'DIRAI QUAND J'AURAI TROUVÉ...
EN ATTENDANT QUE ÇA SE CALME, TU VAS RESTER CHEZ NOUS.
ET ON VA LA LOGER OÙ ?
CHEZ MOI ! C'EST UN PEU PETIT, MAIS EN SE SERR...
DANS L'ANCIENNE CHAMBRE.
QUOI ?
MAIS T'AS JAMAIS VOULU...
ELLE SERT PLUS À RIEN, DEPUIS TROP LONGTEMPS.
FAUDRA AUSSI TROUVER DES HABITS.
AH ÇA, MOI, J'AI PLEIN DE TRUCS TROP PETITS.
LA SOLANGE, ELLE VA T'HABILLER COMME DU NEUF, MA JOLIE !
MERCI...

DIS DONC, DE SOUZA... POURQUOI C'EST TOUJOURS AVEC SOLANGE QUE TU MONTES ?
MOI ?!
QUE... DE... COMMENT...
QUOI ? J'AI PAS COMPRIS !
EH BEN, C'EST QUE... COMMENT DIRE... VOUS ÊTES PAS PAREILLE QUE SOLANGE.
MERCI, J'ÉTAIS AU COURANT.
VOUS ÊTES PLUS...
ENFIN MOINS...
MOINS OU PLUS ? FAUT SAVOIR !
VOUS ÊTES ENCORE JOLIE, C'EST PAS ÇA, MAIS... ENFIN, VOUS FAITES EUH... UN PEU... UN PEU PLUS...
PLUS...
FROIDE.

SOIT VOUS ME LE LAISSEZ EN DÉPÔT ET J'VOUS EN DONNE LA MOITIÉ EN VALEUR TOUT DE SUITE ET LE RESTE QUAND ON ME L'ACHÈTE...
SOIT VOUS M'LE VENDEZ COMPLET ET J'VOUS DONNE 80% DE LA VALEUR, C'EST VOUS QUI VOYEZ...
ET VOUS L'ESTIMERIEZ À COMBIEN ?
AH COMME ÇA... ENTRE 5 ET 10 000 SI C'EST DU VRAI...
C'EST TOUT ?
AH BEN EH ! J'VOUS PARLE EN ANCIENS FRANCS, HEIN ! MOI, J'COMPTE TOUS LES ZÉROS ALORS.
FAUDRAIT VOIR UN EXPERT POUR ÊTRE SÛR...
ET ÇA COÛTE, UN EXPERT ?
EH MON PAUVRE MONSIEUR, C'EST COMME VOUS ET MOI, FAUT QU'ÇA CROÛTE !
DE TOUTE FAÇON, ON EST OUVERT TOUS LES JOURS, HEIN.
RÉFLÉCHISSEZ, ET PIS VOUS REVENEZ QUAND VOUS AUREZ DÉCIDÉ QUOI FAIRE AVEC VOTRE CAILLOU, HEIN !
MON PRIX AURA PAS CHANGÉ, VOUS INQUIÉTEZ PAS, CHEZ NOUS, QUAND ON FAIT DES TARIFS, C'EST DES TARIFS FIXES !!!

ET VOILÀ ! SPÉCIALITÉ SÉNÉGALAISE !
ÇA A L'AIR RUDEMENT BON !
TIEP BOU DIEN.
C'EST DU RIZ POISSON SAUCE !
OH ! LE PETIT, LÀ, CE SERA SUFFISANT POUR MOI.
AH NON ! ÇA C'EST LE GEJJ ! ÇA SE MANGE PAS, C'EST LE POISSON SÉCHÉ QUI DONNE LE GOÛT AU GROS POISSON ET AU RIZ.
AH BON, BEN DONNE-MOI LA TOMATE, LÀ, ALORS...
AH NON PLUS ! ÇA C'EST KANI, C'EST LE PIMENT TRÈS FORT !
BON BEN RIZ SAUCE ALORS !
MOI JE VEUX BIEN DE TOUT !
ET MADAME BRIGITTE, ELLE MANGE PAS ?
OH, FAUT PAS DIRE ÇA !
CHEZ NOUS, LES OISEAUX MANGENT COMME LES HOMMES !
MADAME BRIGITTE, ELLE A UN APPÉTIT D'OISEAU...
BAOUM

RESTEZ LÀ.
QU'EST-CE QU'Y S'PASSE ??
J'AI ENTENDU UN COUP DE FEU.
OÙ EST JULES ?
IL EST SORTI... ÇA VENAIT DU COULOIR.
C'EST JUSTE UN PIGEON QUI N'A PAS VU LA FENÊTRE.
IL EST MORT ?
TUÉ NET.
J'AI POURTANT DÉJÀ DIT DE PAS FERMER CE CARREAU !
C'EST PAS TOI QUI NETTOIES LES MERDES DE PIGEON !!!
TU PRÉFÈRES LES CADAVRES ?

ILS... ILS SONT PARTIS ?
T'INQUIÈTE PAS, MA PETITE, C'ÉTAIT JUSTE UN OISEAU !
CHEZ NOUS, QUAND LES OISEAUX TOMBENT MORTS DU CIEL COMME ÇA, C'EST MAUVAIS PRÉSAGE...
NOUS, TU VOIS, C'EST QUAND LES ASSIETTES DISPARAISSENT QUE ÇA DEVIENT ÉTRANGE..
TOC, TOC TOC TOC
BONJOUR !
J'AVAIS QUELQUES TOMATES MÛRES !
DE SOUZA.
ON N'EST PAS LE PREMIER DU MOIS QUE JE SACHE ?
AAAAH NON ! AH AH. MAIS C'EST PAS POUR ÇA !
C'ÉTAIT JUSTE LÀ COMME ÇA...
EN BONS VOISINS.
AH BON ? ENFIN, DE TOUTE FAÇON, FAUDRA REPASSER QUAND MÊME. SOLANGE EST PAS LÀ.
MAIS ÇA N'EST PAS POUR MADEMOISELLE SOLANGE.
C'EST POUR L'AUTRE DEMOISELLE.
PARDON ?
OUI, POUR L'AUTRE.
LA NOIRE.
CLAC

Marie Durieux
1949 - 1984
Marie Durieux
1949 - 1984

ÉCOUTE, BRIGITTE, ÇA PEUT PLUS DURER. ÇA FAIT DIX JOURS QUE TU SORS PAS !
J'VEUX VOIR PERSONNE !
ENFIN VOYONS, C'EST SOLANGE, TU PEUX BIEN M'OUVRIR, JE SUIS SEULE, PROMIS.
T'ES SÛRE !
MAIS PUISQUE JE TE LE DIS.
ENTRE, DE TOUTE FAÇON, C'EST OUVERT...
JE FAIS TOUT CE QUE JE PEUX POUR QU'IL M'AIME, TU SAIS.
JE SAIS, BRIGITTE, JE SAIS. MAIS... PEUT-ÊTRE QUE TU T'Y PRENDS MAL...
C'EST CE QU'IL M'A DIT LA PREMIÈRE FOIS...
ALLONS, ALLONS...
JE VAIS NOUS ARRANGER ÇA ! T'INQUIÈTE PAS.

TISSAGE POUR LA DEMOISELLE !
HEY LA MISS !!! LA TRESSE, LA BELLE TRESSE POUR TOI !!!
HEY LA MISS ! FAUT CHANGER LA TÊTE LÀ HÉ ! FAUT FAIRE BELLE CHEVELURE AVEC LES RAJOUTS D'AFRIQUE !
VIENS AU SALON ! PAS LOIN, BON PRIX !
TSSS
COIFFURE
BONJOUR !
BONJOUR MADAME, INSTALLEZ-VOUS !
C'EST VOTRE PREMIÈRE VISITE ?
OUI !
ON S'OCCUPE DE VOUS TOUT DE SUITE !
ALORS QU'EST-CE QU'ON VOUS FAIT ? VOUS VOULEZ CONSULTER NOS MODÈLES ?
NON, C'EST BON. EN FAIT J'AI AMENÉ LES MIENS...

MAIS QU'EST-CE QU'IL FOUT...?
DE SOUZA !!!
OH NOM DE DIEU !!!
ÇA SERAIT DOMMAGE DE PAS EN PROFITER !
AU SECOURS !
DES PETITES POIRES COMME ÇA, EN PLEINE SAISON !!!
BIM
BLAM
FUMIER !

TIENS, BOIS ÇA ! ÇA VA TE REMETTRE ! QUEL ENFOIRÉ ! AVEC SES TOMATES ET SES POIREAUX, JE TE GARANTIS QU'ON N'EST PAS PRÈS DE REMANGER DE SAISON !
JE SUIS DÉSOLÉE POUR LES ENNUIS, MADAME BRIGITTE.
EH, TU SERAS PAS LA PREMIÈRE, VA ! UNE FOIS SUR DEUX, ON TOMBE SUR UN TORDU ! ET QUE J'TE METS DES CLAQUES, ET QU'IL FAUT L'APPELER "MON ROUDOUDOU", ET QU'IL FAUT FAIRE LA MORTE, DES TRUCS, J'TE JURE...
... COMMENT ON SUPPORTE TOUT ÇA ?...
BEN TIENS !
VOUS ÊTES RABIBOCHÉES, TOUTES LES DEUX ?
T'OCCUPE DONC ! TU VOIS PAS COMME LA PETITE EST GELÉE !
C'EST BON, T'INQUIÈTE PAS POUR LA CONTAGION, J'AI C'QU'Y FAUT...
J'ME DOUTAIS BIEN QU'ÇA ARRIVERAIT UN JOUR OU L'AUTRE.
DDRRRIIII
DRINN
PRENDS UNE TABLETTE ENTIÈRE POUR COMMENCER.
OUI... C'EST ICI... COMMENT ?
QUAND ?... OUI. J'ARRIVE, J'ARRIVE TOUT DE SUITE.
C'EST L'HÔPITAL.
SOLANGE S'EST FAIT TABASSER...

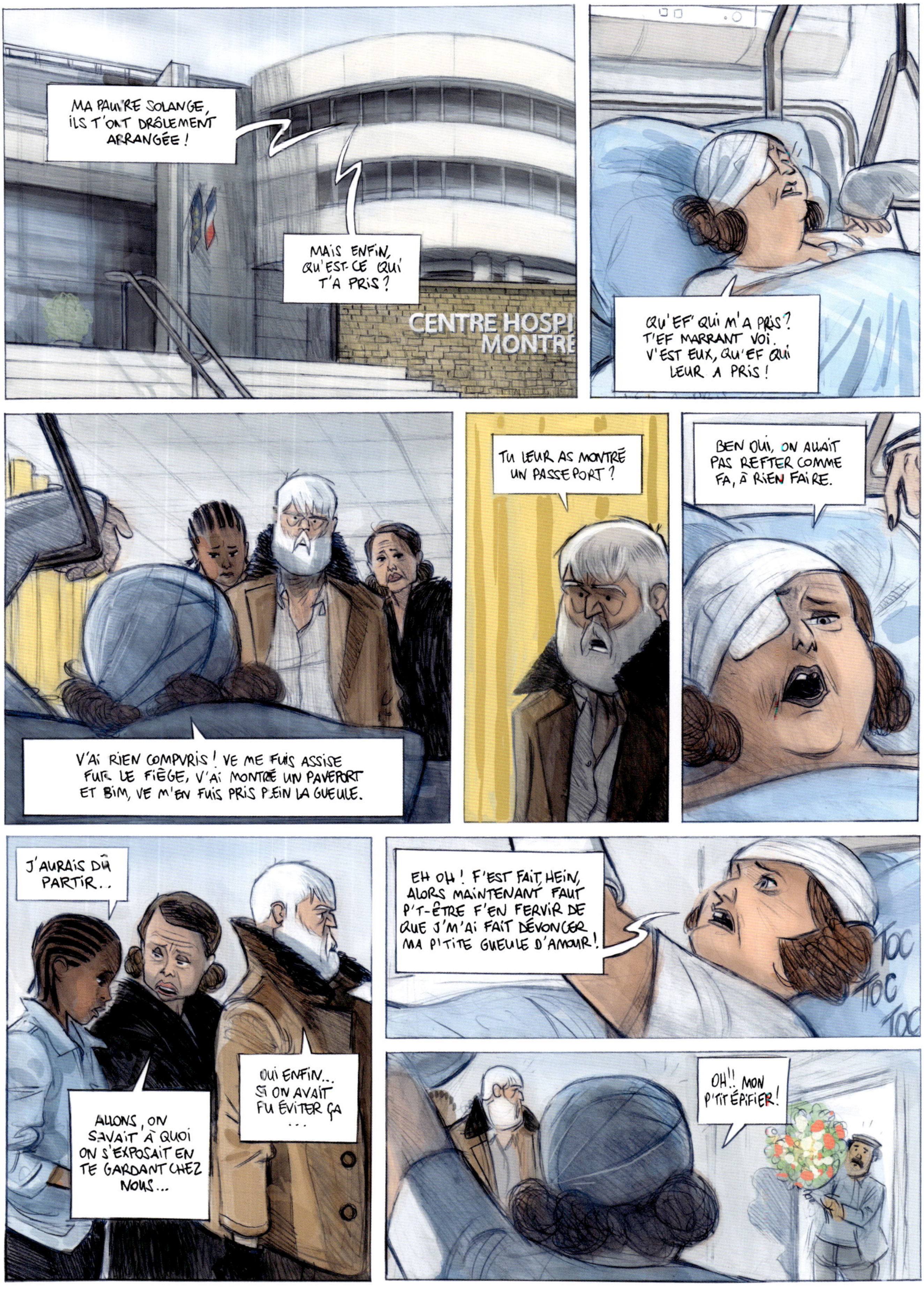
MA PAUVRE SOLANGE, ILS T'ONT DRÔLEMENT ARRANGÉE !
MAIS ENFIN, QU'EST-CE QUI T'A PRIS ?
CENTRE HOSPI
MONTRE
QU'EF' QUI M'A PRIS ? T'EF MARRANT VOI. V'EST EUX, QU'EF QUI LEUR A PRIS !
V'AI RIEN COMPVRIS ! VE ME FUIS ASSISE FUR LE FIÈGE, V'AI MONTRÉ UN PAVEPORT ET BIM, VE M'EN FUIS PRIS PLEIN LA GUEULE.
TU LEUR AS MONTRÉ UN PASSEPORT ?
BEN OUI, ON AVAIT PAS REFTER COMME FA, À RIEN FAIRE.
J'AURAIS DÛ PARTIR..
ALLONS, ON SAVAIT À QUOI ON S'EXPOSAIT EN TE GARDANT CHEZ NOUS...
OUI ENFIN... SI ON AVAIT FU ÉVITER ÇA ...
EH OH ! F'EST FAIT, HEIN, ALORS MAINTENANT FAUT P'T-ÊTRE F'EN FERVIR DE QUE J'M'AI FAIT DÉVONCER MA P'TITE GUEULE D'AMOUR !
TOC TOC TOC
OH !! MON P'TIT ÉPIFIER !

Je suis venu dès que j'ai su, mademoiselle Solange !
Haalàlà ! T'es toute cassée, ma pauvre femme...
F'est qu'v'é pas l'habitude...
Bon ben, on repasse demain, hein, Solange ?
Allez hop hop hop, tout le monde dehors, l'amour n'attend pas !
Eh mais faut pas pleurer...
C'est des jolies fleurs quand même.
F'est pour ça.
Solange a raison, la différence maintenant, c'est que c'est eux qui vont nous chercher.
Tina !
Merde. Je pensais pas qu'elle en était là...
Elle est glacée...
Tina ?
Ça va aller ? Vous voulez que j'appelle un médecin ?
Non non, c'est bon, ça lui arrive de temps en temps...
Vous êtes sûr ?
Merci. On va s'occuper d'elle.

BON...
AU DÉBUT, TU VAS AVOIR FROID, ET APRÈS T'AURAS MAL... MAIS SI TU RÉSISTES, ÇA DEVRAIT PASSER...
J'DIS PAS QU'C'EST FACILE, HEIN...

MAIS AU MOINS, ICI, TU POURRAS PAS ALLER T'ACHETER UNE DOSE...
POURQUOI VOUS FAITES TOUT ÇA POUR MOI ?

JE SAIS PAS...
PARCE QUE J'AI PAS PU LE FAIRE POUR MA FEMME, JE CROIS...
MAIS VOUS M'AVIEZ DIT QUE VOUS AVIEZ PAS DE FEMME ! VOUS M'AVEZ MENTI ?
J'AI PLUS DE FEMME... ALORS JE T'AI MENTI QU'À MOITIÉ... PAR CONTRE, C'EST VRAI QUE JE VENAIS ICI AVEC DES FILLES, DISONS... POUR PROFITER UN PEU DE LA SITUATION ! MAIS LA FOIS OÙ JE SUIS VENU AVEC MARIE, C'EST PLUTÔT MOI QU'EN MENAIS PAS LARGE, TU SAIS... ELLE ÉTAIT BELLE, MARIE... DES LONGS CHEVEUX CHATAINS, PIS SON SOURIRE CANAILLE... LES YEUX VERTS... DES SEINS... À LA TAILLE DE MES MAINS... DES HANCHES... AH, SES HANCHES... ELLE ÉTAIT BELLE. SAUF QU'Y AVAIT PAS QUE MOI QUI POSAIS LES PATTES DESSUS, MAIS LA DIFFÉRENCE, C'EST QUE MOI JE PAYAIS PAS... J'AVAIS PAS TELLEMENT PRÉVU D'ÊTRE UN JULOT, MAIS BON... J'L'AIMAIS, CETTE FILLE-LÀ... ALORS...
VOUS ÉTIEZ PAS JALOUX DES AUTRES HOMMES...?
C'EST PAS PAREIL... C'EST UN MÉTIER...
TU FAIS PASSER À LA CAISSE ET AU REVOIR...
ELLE EST MORTE ?
UN CANCER.
ELLE A D'ABORD PERDU SES CHEVEUX... ALORS JE LUI AI ACHETÉ UNE PERRUQUE BLONDE, PARCE QU'ELLE AVAIT TOUJOURS VOULU ÊTRE BLONDE.. APRÈS, TOUT EST ALLÉ TRÈS VITE...

EN QUELQUES MOIS, ELLE A PERDU SES SEINS, SES HANCHES ET PUIS SES DENTS...
MAIS PAS SON SOURIRE...
TIENS, REGARDE.
ELLE EST LÀ...
ELLE ME L'AVAIT OFFERT.
POUR QUE JE L'OUBLIE PAS.
ELLE EST TRÈS BELLE.
OUCH!

TU AS MAL ?
NON, J'AI PEUR...

PRET SUR GAGE
BONJOUR !
DITES, VOUS AVEZ LA MAIN VERTE, VOUS ALORS !
HEIN ?
COMMENT VOUS ÊTES RENTRÉ, VOUS ?
ON VEUT PAS DE COLPORTEURS PAR ICI !

AH NON MAIS MOI JE VENDS RIEN, JE DONNE !
AH OUI ?
ET VOS COURGETTES, LÀ, DITES DONC !
BAH, ON SE DÉBROUILLE...
AVEC VOTRE TALENT, VOUS AVEZ JAMAIS PENSÉ À L'EXOTIQUE ?
AH ÇA, NON MERCI ! ÇA FAIT PLUS DE DÉGÂTS QU'AUTRE CHOSE !
JE VOUS COMPRENDS, AU DÉBUT C'EST JOLI, ET PUIS APRÈS, ÇA SE MET À POUSSER PARTOUT, ALORS, FORCÉMENT, ÇA LASSE...
BON, JE VOUS LAISSE TRAVAILLER. DE TOUTE FAÇON, VOUS AVEZ MA CARTE.
JE PEUX VOIR CE QU'IL VOUS A DONNÉ ?
DRÔLE DE TYPE.
C'EST QUOI POUR VOUS, "COMMERCE ÉQUITABLE" ?
NORMALEMENT, C'EST QUAND CHACUN Y TROUVE SON COMPTE.
MAMA SEMBE
.COMMERCE ÉQUITABLE.
Demain 16h.

MAMA SEMBE
MAMA SEMBE
MONSIEUR BONJOUR !
ON PEUT VOUS AIDER ?
ON M'A DONNÉ CECI, HIER...
OH ! JE VOIS.
C'EST PAR ICI, S'IL VOUS PLAÎT.
MAMA SEMBÉ. QUELQU'UN POUR VOUS.
INSTALLEZ-VOUS. QUE PUIS-JE POUR VOUS, MONSIEUR ?
EH BIEN VOILÀ, JE SUIS UN PETIT PRODUCTEUR, ET J'AIMERAIS SAVOIR COMMENT FONCTIONNE LE COMMERCE ÉQUITABLE EN VUE DE PEUT-ÊTRE Y ADHÉRER.

C'EST SIMPLE, NOUS PROPOSONS UN REVENU ÉQUITABLE TOUT AU LONG DE LA CHAÎNE DU COMMERCE, DES PRODUCTEURS AUX CLIENTS, AINSI CHACUN EST ASSURÉ D'OBTENIR DE LA MARCHANDISE DE QUALITÉ AU MEILLEUR PRIX, DANS UN RÉEL SOUCI D'ÉTHIQUE...
JUSTEMENT, JE NE LES AI PAS AVEC MOI, MAIS J'AI QUELQUES PRODUITS, SIX POUR ÊTRE EXACT, QUE J'AIMERAIS METTRE EN VENTE...
PAS DE PROBLÈME. VOUS NOUS LES AMENEZ, ON ÉTUDIE LES MARCHÉS, ET ON VOUS PAYE EN ESPÈCES EN RETOUR...
L'ESPÈCE NE M'INTÉRESSE PAS, VOUS SAVEZ, JE PRÉFÉRERAIS UN AUTRE PRODUIT DU MÊME TYPE...
AH MONSIEUR, NOUS NE FAISONS PAS DE TROC, VOUS SAVEZ.
POURTANT, SIX CONTRE UN, C'EST UNE BONNE AFFAIRE.
SI VOUS AVEZ LES PASSEPORTS, VOUS AVEZ LA MARCHANDISE, ET SI VOUS AVEZ LA MARCHANDISE, NOUS ALLONS DEVENIR CONCURRENTS ET, VOYEZ-VOUS, JE NE PEUX PAS PRENDRE LE RISQUE DE VOIR ÉMERGER UN CONCURRENT, SI MINIME SOIT-IL. VENDEZ-NOUS VOS PRODUITS. NOUS NOUS OCCUPERONS DU RESTE, VOUS NE LE REGRETTEREZ PAS.
JE PRÉFÈRE AVOIR DES REGRETS QUE DES REMORDS. PAS VOUS ?
ÉCOUTE BIEN. J'AI ÉTÉ GENTILLE JUSQUE-LÀ, MAIS SI TU VEUX QU'ON PASSE AU CAPITALISME SAUVAGE, C'EST POSSIBLE.
ÉCOUTE-MOI BIEN, MAMA SEMBÉ. J'AIME PAS LA FAÇON DONT TU TIENS TON COMMERCE. TU RESPECTES PAS LA MARCHANDISE PARCE CE QUE TU SAIS QU'ELLE EST DISPONIBLE EN GRANDE QUANTITÉ.
C'EST TOI, VIEUX BLANC, QUI VAS ME DONNER DES COURS DE GESTION ? LE SUCRE, LE CAFÉ, LE CACAO, LE TABAC, LES HOMMES, LE PÉTROLE, LES DIAMANTS... JE DOIS TE REGARDER, TE DIRE MERCI EN ATTENDANT QUE TU AIES FINI DE TE SERVIR ?
VA-T'EN MAINTENANT, VIEUX BLANC ! JE NE FAIS PAS D'AFFAIRES AVEC TOI.

MAIS POURQUOI, JULES ? QU'EST-CE QUE TU VAS FAIRE ?
T'INQUIÈTE PAS. TIENS ! TU DONNERAS ÇA À LA PETITE.
J'AI PAS RÉUSSI À RÉCUPÉRER SON PASSEPORT, MAIS ÇA DEVRAIT L'AIDER UN MOMENT...
MAIS JULES ! DIS-MOI AU MOINS CE QUE TU VAS FAIRE, BON SANG...
J'AI JUSTE ENVIE DE PASSER UNE SOIRÉE SEUL.
MAIS...
JE T'AIME.
TU MENS.
OUI, MAIS C'EST PARCE QUE JE T'AIME.

SOLANGE...
TOC
TOC
SOLANGE..
C'EST MOI, C'EST DE SOUZA...
BON...
TANT PIS.
CLAC

PAW

PAW

PAW
PAW
PAW

CLIC
CLIC
CLIC
CLIC
CRAC

HAN

JULES ?
POURQUOI TU DORS PAS ?...

NE REGLER QU'EN POSITION "A PAYER"
DITES, LES FILLES IL VA FALLOIR QUE JE ME REMETTE AU BOULOT...
JUSTE UNE MINUTE...
S'IL TE PLAÎT. POUR ÊTRE SÛR.
TAXI

500
Pour Tina
EH BEH ! D'HABITUDE, C'EST PAS LÀ QU'ON S'ARRÊTE.
PARDON ?
BEN OUI, LES "DAMES", C'EST PLUS LOIN D'HABITUDE...
LES DAMES ?
REMARQUE, AVEC TA TENUE LÀ, Y A PAS MOYEN DE CONFONDRE. ALLEZ, VAS-Y, MONTE !
BON, ET TU VAS OÙ COMME ÇA ?
JE VAIS TOUT DROIT.
DAF
TAXI

AURÉLIEN DUCOUDRAY & ARNO MONIN - AVRIL 2019

Pour être alerté de la sortie du
prochain album, rendez-vous sur
www.angle.fr/alerte-nouveaute

www.angle.fr

290 route des Allogneraies 71850 CHARNAY-LÈS-MÂCON
Tél. : 03 85 34 99 09 - Fax : 03 85 34 47 55
Site Web : www.bamboo.fr - E-mail : bamboo@bamboo.fr

PREMIÈRE ÉDITION - Dépôt légal : Septembre 2019
ISBN : 978-2-8189-6740-9

Imprimé en France
Printed in France by PPO Graphic, 91120 Palaiseau

La fabrication de cet album répond au processus
de développement durable engagé par Bamboo Édition.
Il a été imprimé sur du papier certifié PEFC.